Folkert Nanninga

Uelzener Lehrer und der
Nationalsozialismus

IMPRESSUM

PRODUKTION, REDAKTION UND GESTALTUNG: FOLKERT NANNINGA

©2024 FOLKERT NANNINGA
VERLAG: BOD · BOOKS ON DEMAND, ÜBERSEERING 33, 22297 HAMBURG,
BOD@BOD.DE
DRUCK: LIBRI PLUREOS GMBH, FRIEDENSALLEE 273, 22763 HAMBURG
ISBN: 978-3-8192-0838-6

FOLKERT NANNINGA

UELZENER LEHRER

UND DER

NATIONALSOZIALISMUS

Henstedt-Ulzburg 2025

 **Folkert Nanninga** (Jg. 1944) lebte als Kind und Jugendlicher in Bienenbüttel, Landkreis Uelzen, zwischen 1955 und 1965 besuchte er die Oberschule für Jungen/Herzog-Ernst-Schule in Uelzen. Er studierte danach Englisch und Geschichte an der Christian-Albrechts-Universität Kiel und an der University of Warwick, Coventry (England). Nach dem Staatsexamen war er im Rahmen der Graduiertenförderung wissenschaftlich tätig, ehe er 1975 in den Schuldienst eintrat und an einem Gymnasium in Norderstedt unterrichtete. Als er 1997 wegen gesundheitlicher Probleme in den Ruhestand gehen musste, nahm er seine wissenschaftliche Tätigkeit wieder auf und legte 2004 eine umfangreiche Studie aus dem Bereich der Württembergischen Landesgeschichte vor. In den folgenden Jahren erforschte er für den engeren Familienkreis die Biografien seiner Eltern, Großeltern und deren Vorfahren. Mit einer gewissen Zwangsläufigkeit brachte ihn dies in engen Kontakt mit der Geschichte seines Heimatortes und des dortigen Turnvereins, um deren kritische Aufarbeitung auf wissenschaftlicher Grundlage er sich bemühte. An diesem Beispiel trat dann insbesondere die Bedeutung der Lehrer hervor, einerseits, wie sie mit dem Anpassungsdruck umgingen, dem sie durch das NS-Regime ausgesetzt wurden, andererseits in ihrer Mittlerrolle zwischen den politischen Vorgaben, Eltern und Schülern. Zunächst ging es dabei um die Volksschullehrer, von denen der Verfasser einige noch erlebt hatte, dann um seine Lehrer an der Oberschule für Jungen, denen eine NS-Vergangenheit nachgesagt wurde. Dieser Ansatz wird nun exemplarisch auf einen größeren Kreis von Uelzener Lehrern ausgeweitet.
Nanninga ist verheiratet und freut sich über zwei Kinder und drei Enkel.

Inhaltsverzeichnis

VORWORT

Am letzten Sonntag im Oktober 2024 rief mich Horst Hoffmann an und berichtete, dass er am folgenden Tag ins Krankenhaus gehen würde, um seine Krankheitssymptome abklären zu lassen. Drei Wochen später war er tot: Im kulturellen Leben Uelzens ist eine schmerzliche Lücke entstanden.

Er hatte mich angerufen um zu klären, wie wir die laufende Artikelserie über die Uelzener Lehrer im Nationalsozialismus fortführen wollten. Zwei Teile – über Louis Gaafke und Dr. Otto Pöppelmann – waren im „Heidewanderer" erschienen,[1] weitere würden folgen und am Ende sollten alle Teile in Hoffmanns „Uelzener Heften" zusammengefasst werden.

Für die Zwecke des „Heidewanderers" taugten die meisten dieser Artikel allerdings nicht so recht: Sie waren meist zu umfangreich, zu textlastig und zu wissenschaftlich detailliert. Wir waren uns dessen bewusst und dennoch hat Horst Hoffmann sie publiziert und nach Möglichkeit gefördert in der Überzeugung, dass sie zur Aufarbeitung der NS-Jahre in Uelzen beitragen.

Über das rein Biografische gehen die Beiträge nämlich hinaus, indem sie jeweils spezielle Aspekte der NS-Herrschaft beleuchten: Die Entwicklung der Uelzener NSDAP, die Machtübernahme der Nationalsozialisten in Uelzen und die „Revolutionszeit" in den ersten beiden Beiträgen. In der Folge geht es um den Verein der Auslandsdeutschen, das Schulungswesen der NSDAP, die Hitlerjugend, die Deutschen Christen und die Lehrerausbildung im Nationalsozialismus. Dabei werden vergessene oder unbekannte Facetten der Uelzener Stadtgeschichte beleuchtet.

Da derzeit noch nicht abzusehen ist, ob und wann ein Nachfolger/eine Nachfolgerin für Horst Hoffmann seine/ihre Arbeit aufnehmen wird, habe ich mich entschlossen, dieses Bändchen in eigener Regie zu veröffentlichen. Allen Mitwirkenden sei auf diesem Wege herzlich gedankt. Mein ganz besonderer Dank gilt aber den Mitarbeiterinnen und Mit-

---

[1] Der Heidewanderer, Heimatbeilage der Allgemeinen Zeitung, Uelzen, 100. Jahrgang, Nr. 26 (29.6.2024), S. 101-104; Nr. 27 (6.7.2024), S. 105-108; Nr. 28 (13.7.2024), S. 109-111; Nr. 29 (20.7.2024), S. 115-116.

arbeitern der verschiedenen Archive, insbesondere denen des Niedersäch-sischen Landesarchivs, Frau Dr. Christine Böttcher vom Stadt- und Kreisarchiv Uelzen und Herrn Rainer Dammann vom Archiv des Herzog-Ernst-Gymnasiums, nicht zuletzt aber Horst Hoffmann.

Folkert Nanninga, im April 2025

EINLEITUNG (TEIL 1)

Wie standen die Uelzener Lehrer dem Nationalsozialismus gegenüber? Haben sie ihn begeistert und eifrig mitgetragen, ihm abwartend gegenübergestanden oder ihn im Geheimen, manchmal auch sogar offen, abgelehnt?[2] Für die Lehrer der Oberschule für Jungen lässt sich nach derzeitigem Stand feststellen, dass sie mehrheitlich wenig mit dem Nationalsozialismus anfangen konnten. Bis Anfang Mai 1937 – seit dem 1. Mai 1933 bestand ein genereller Aufnahmestopp – waren nur 6 von 23 Kollegen überhaupt in die NSDAP eingetreten.[3] Unter diesen neuen Parteimitgliedern befanden sich auch Paul Schäffer und Wilhelm Lott; handelte es sich bei ihnen aber um glühende Nationalsozialisten?

Schäffer hatte nach eigenen Angaben den Parteieintritt vollzogen, um dem Druck der Partei und der Öffentlichkeit wegen seines angeblichen Makels, Freimaurer gewesen zu sein, entgegenwirken zu können. Auch als Parteimitglied setzte er sich dann höchst kritisch mit dem Kunstverständnis der Nationalsozialisten auseinander und schlug eine Karriere innerhalb der Partei aus.[4]

Im Falle von Wilhelm Lott ergibt sich kein völlig einheitliches Bild. Er trat am 1. Mai 1933 in die Partei ein, um sich in der Schule gegen die HJ behaupten zu können, die seine Autorität als Lehrer untergrub, was ihn offenbar persönlich sehr kränkte.[5] Anfangs ließ er sich anscheinend von der Partei vereinnahmen; so wurde er beispielsweise in den Sportunterricht der SA eingebunden und in der Presse als Hauptorganisator eines Großsportfestes in Uelzen hervorgehoben.[6] Seine Verärgerung über eine als „freiwillig" deklarierte Zwangsspende an das Winterhilfswerk, die er verweigerte, mündete in seine unehrenhafte Entlassung aus der SA; diese wiederum lieferte ihm über Jahre hinweg den Vorwand, Parteiarbeit zu

---

[2] Vgl. Nanninga, Folkert: Wider den nationalsozialistischen Ungeist, Uelzen 2023, S. 13.
[3] Nanninga, Ungeist, S. 29; darunter Dr. Otto Pöppelmann, Paul Schäffer, Wilhelm Lott, Hermann Teichmann, Dr. Franz Thorau und Wilhelm Lendle.
[4] Nanninga, Ungeist, S. 68.
[5] Nanninga, Ungeist, S. 62.
[6] Niemann, Eckehard: Nationalsozialismus im Landkreis Uelzen, Bd. 2 1933 – 1939, Varendorf 2016, S. 290 anlässlich des „Festes der deutschen Schule", Trägerschaft VDA Ortsgruppe Uelzen. (27. August 1933).

vermeiden. Seine Parteimitgliedschaft mochte er gleichwohl nicht be-
enden. Auch seine vorübergehende Nähe zu den „Deutschen Christen"
belegt seine grundsätzliche Bereitschaft zur Anpassung. Als überzeugten Nationalsozialisten könnte man ihn dennoch nicht bezeichnen.

Lott und Schäffer zählen zu jenen 1,4 bis 1,6 Millionen Deutschen,
die aus den unterschiedlichsten Motiven zwischen dem 1. Februar und
dem 1. Mai 1933 in die NSDAP strömten[7] und damit die Stellung der
alten, treuen Kämpfer (ca. 850.000) bedrohten. Aus deren Kreisen
stammten spöttische Bezeichnungen wie „Spätberufene" oder „die
Märzgefallenen" für diese neuen Mitglieder. Seitens der Parteiführung
versuchte man zu beruhigen: Zweifellos befänden sich unter diesen
neuen Mitgliedern auch „zahlreiche Konjunkturritter", nichts aber „wäre
falscher, als zu glauben, sie alle, die erst nach der siegreichen Schlacht
den Weg zum Führer fanden, seien Egoisten, schwankende Gestalten,
Revolutionsgewinnler und ähnliches mehr." „Selbstverständlich
führen und bestimmen innerhalb der Gliederungen der Partei die
Alten in Hitlers Auftrag." An sie ergeht die Aufforderung, die neuen
Mitglieder zu integrieren.[8]

Der wahre Nationalsozialist wäre nach diesem Verständnis derjenige, der vor Hitlers Ernennung zum Reichskanzler, also freiwillig und
aus voller Überzeugung, in die Partei eingetreten ist.[9] Unter den Uelzener Lehrern fällt Wilhelm Lendle in diese Kategorie, allerdings mit der
Einschränkung, dass er erst 1934 nach Uelzen versetzt wurde. Er war
schon als Student im November 1922 Mitglied der Göttinger Ortsgruppe
der NSDAP geworden und bald zu deren Leiter aufgestiegen. Nach dem
Verbot der Partei 1923 in der Folge des gescheiterten Hitler-Putsches
blieb Lendle der neugegründeten Partei nach außen hin zunächst einmal
fern, um seine Lehrerausbildung voranzutreiben. Als Studienassessor

---

[7] Zwischen dem 1. Mai 1933 und 1937 war im Regelfall kein Parteieintritt möglich, danach für solche Personen, die sich in den NS-Organisationen bewährt hatten. Dazu:
Broszat, Martin: Der Staat Hitlers, München [5]1971, S. 252 ff. (dtv-Weltgeschichte, Bd. 9).
[8] Niemann, Bd. 2, S. 167, AZ 12.6.1933 „Die neuen Parteigenossen" von Wilhelm Kube,
Fraktionsführer der NSDAP in Preußen.
[9] Die britische Besatzungsmacht hatte den 1.4.1933 als Stichtag gewählt, vgl. Nanninga,
Ungeist, S. 55.

trat er im Februar 1927 wieder in die neugegründete NSDAP ein, er unterbrach seine formelle Mitgliedschaft zwischen April 1930 und dem 1. September 1932 jedoch erneut, nachdem den Beamten die Mitgliedschaft in KPD oder NSDAP verboten worden war. Da man ihm jedoch illegale Kontakte zur NSDAP nachweisen konnte, wurde er strafversetzt. Am 1. Juni 1931 erhielt er schließlich eine Stelle als Studienrat am Gymnasium in Nienburg/Weser. Noch bevor das ministerielle Verbot am 20. Juli 1932 auslief und ohne formelle Mitgliedschaft in der NSDAP, war Lendle in Nienburg wieder für seine Partei tätig, zunächst als Ortsgruppenpropagandaleiter; bald stieg er zum Kreisschulungsleiter und dann zum Ortsgruppenleiter auf und führte seine Männer in die Kommunalwahl vom 12. März 1933. Anschließend war er federführend beteiligt an der Ausschaltung der Nienburger SPD – einschließlich des Bürgermeisters, der politischen Säuberung der Nienburger Stadtverwaltung und der Etablierung der Macht der NSDAP.[10] Zum 1. Juni 1934 wurde er nach Uelzen an das Realgymnasium/die Oberschule für Jungen versetzt und leitete diese Schule bis zu seiner Entlassung durch die britische Besatzungsmacht am 3. August 1945. In seinen komplizierten Entnazifizierungsverfahren über mehrere Instanzen erstritt Lendle zunächst seine Wiederanstellung als einfacher Studienrat an der Oberschule für Jungen ab dem 15. Oktober 1951. Eine Veränderung der Gesetzgebung eröffnete ihm die Möglichkeit, sich auch die Wiedereinsetzung in seine frühere Stellung zu erzwingen, so dass die Stadt Uelzen ihn zum 1. Oktober 1952 ein zweites Mal als Oberstudiendirektor bestätigte.[11] In der Sache hatte sich allerdings nichts verändert: Hinweise, dass Lendle sich vom Nationalsozialismus distanziert hätte, fehlen. Sein Eintreten für die „Heldenorgel" an seiner Schule auch noch nach seiner Pensionierung belegt, dass er sich und seiner Ideologie zeitlebens treu geblieben ist.[12]

Außer Wilhelm Lendle gab es unter den Uelzener Lehrern weitere überzeugte Nationalsozialisten in dem oben definierten Sinne, die dort schon mehrere Jahre ansässig waren. Wenngleich deren Namen heute meist vergessen sind, damals standen sie im Licht der Öffentlichkeit.

---

[10] Zusammenfassend: Nanninga, Ungeist, S. 57f.
[11] Nanninga, Ungeist, S. 51.
[12] Nanninga, Ungeist, S. 7.

GAAFKE, LOUIS

Zu den Gründungsmitgliedern der NSDAP-Ortsgruppe Uelzen im Juni 1925 gehörte der Volksschullehrer Louis Gaafke. Diese Aussage bedarf allerdings einer gewissen Differenzierung in doppelter Hinsicht: Gaafke war nämlich schon vorher als „Völkischer" öffentlich hervorgetreten und es hatte bereits im Sommer 1923 in Uelzen Ansätze zur Organisation der Hitler-Anhänger gegeben: 10 bis 15 Männer aus Uelzen seien der Ortsgruppe München der NSDAP beigetreten. Der Student Quellhorst[13] habe über die Bewegung an der Universität Göttingen berichtet und vorgeschlagen, statt einer Ortsgruppe einen politischen Verein als Tarnorganisation zu gründen. Bemerkenswert hieran ist, dass Wilhelm Lendle zu jener Zeit Ortsgruppenleiter der NSDAP in Göttingen gewesen war[14] und somit schon Ansätze eines „rechten" Netzwerks erkennbar sind. Die „Arbeiter- und Mittelstandsvereinigung Uelzen" wurde am 9. November 1923 in das Vereinsregister aufgenommen und soll über 100 Mitglieder gehabt haben, die begeistert für „die Hebung der Volksgemeinschaft" und „die Pflege reinen Deutschtums" und andere nationalsozialistische Ziele eingetreten seien.[15] Wie lange dieser Verein existierte und aktiv war, ist unbekannt; ebenso wenig lässt sich sagen, ob es personelle Kontinuitäten zwischen dem Verein und der späteren Parteiorganisation gab.

Louis Gaafke,[16] geboren am 7. Januar 1892, stammte aus Halligdorf und hatte am Seminar in Uelzen seine Lehrerausbildung absolviert. Nach dem Examen im September 1912 war er zunächst in der Nähe von Gifhorn als Lehrer tätig. Bei Kriegsausbruch wurde er zu einer Artillerieeinheit eingezogen und war vom 31. Oktober 1914 bis zum 6. Dezember 1918 im Einsatz an der Westfront. Er wurde im Mai 1915 zum Gefreiten, im September 1915 zum Unteroffizier befördert und erhielt im November 1917 das EK II. Ab 1. Januar 1919 war er dann wieder als Lehrer tätig, zunächst in Trelde/Krs. Harburg, dann in Buchholz; am 1. August 1921 wurde er an die Stadtschule in Uelzen versetzt. Am 12. Mai 1921 hatte er geheiratet, seine Söhne wurden 1923 und 1930 geboren.

---

[13] Vermutlich: Quellhorst, Werner, Dipl. Landwirt, (21.2.1903 – 19.1.1981).
[14] Nanninga, Ungeist, S. 14.
[15] Niemann, Bd. 2, S. 354: „Uelzen in den Novembertagen 1923", AZ 9.11.1933.
[16] NLA Hannover Nds. 120 Lüneburg Acc. 122/96, Nr. 39, Personalakte Gaafke, Bl. 1.

Gaafkes Name ging Ende 1924 durch die Presse, nachdem er im Vorfeld der Reichstagswahl vom 7. Dezember 1924 auf Wahlkampfveranstaltungen in Uelzen als „Völkischer"[17] aufgetreten war und Ludendorffs Politik im November 1918 verteidigt hatte: Ludendorff sei durch die revolutionären Ereignisse in Berlin und die Absetzung des Kaisers an weiteren militärischen Maßnahmen gehindert worden („Dolchstoßlegende"). Auch ein Vertreter der Nationalsozialisten war zugegen, dessen antisemitische und strikt antiparlamentarische Äußerungen ihn als einen Anhänger der „Nationalsozialistischen Arbeitsgemeinschaft" des Lüneburger Rechtsanwalts Adalbert Volck vermuten lassen. Dieser vertrat die „reine Hitlerbewegung", verstand sich als dessen Platzhalter in Norddeutschland und sah in Ludendorff einen Gegner.[18] Die Neugründung der NSDAP durch Hitler am 27. Februar 1925 (nach dessen überraschender Haftentlassung am 20. Dezember 1924) überbrückte diesen Gegensatz und eröffnete Gaafke anscheinend den Weg in die Partei.

Eine Wahlversammlung der DVP[19] am 18. November 1924 im Hotel „Stadt Hamburg" verlief friedlich, anscheinend hatte man an Gaafkes Behauptungen zum Kriegsende nicht viel auszusetzen.[20] Anders ging es zwei Tage später bei der Wahlversammlung der DDP[21] in der Stadthalle zu. Die Debatte über den Vortrag des Hauptredners habe sich zeitweilig recht stürmisch gestaltet, Gaafkes Debattenbeitrag sei durch Lärm und Zurufe unterbrochen worden, so berichtet die „AZ".[22] Zwei Behauptungen wurden als besonders anstößig empfunden – die These, es gebe eigentlich gar keine Demokratie und die Bemerkung, die Mörder Rathenaus seien Patrioten. Der anwesende Dienstvorgesetzte Gaafkes, Schulrat Kühn (SPD), sei ihm entschieden entgegengetreten: „Zornbebend stellte er fest, daß ein Lehrer, also ein unmittelbarer Staatsbeamter, es wagen dürfe, öffentlich gegen die Republik aufzutreten; [...] mit dem ganzen Gelichter der Gegner sei nach der Revolution überhaupt von Anfang an zu glimpflich verfahren worden. Das sei bedauerlich." Drei Tage später veröffentlichte auch das „Harburger Volksblatt" einen

---

[17] Ein Sammelbecken vieler kleiner Vereine ohne gemeinsame Organisation; Rassenlehre, Nationalismus, Antisemitismus als Programmpunkte.
[18] Studiengruppe.blogspot.com/2014/08/adalbert-volck-gegen-erich-ludendorff.html.
[19] Deutsche Volkspartei, nationalliberal.
[20] Allgemeine Zeitung, Nr. 273, 20.11.1924.
[21] Deutsche Demokratische Partei, linksliberal.
[22] Nr. 274, 21.11.1924.

Beitrag zu diesem Vorfall und forderte den Regierungspräsidenten zum Handeln auf, damit solchen Beamten das Handwerk gelegt werde: „Lehrer G. hat die Verfassung der preußischen und deutschen Republik beschworen, trotzdem gibt es keine Demokratie für ihn. – Mord an dem Republikaner Rathenau für einen deutschen Erzieher ein Mord aus Vaterlandsliebe?" Unser Genosse Schulrat Kühn habe das gegeißelt und sich den Zorn der deutschnationalen AZ zugezogen. Entweder sei Gaafke so beschränkt, dass er nicht wisse, was er geschworen hat, dann könne er nicht Lehrer und Erzieher der Jugend der Republik sein, oder er könne und wolle nicht von seiner monarchistischen Gesinnung lassen, dann solle er auf das Geld der +++ Republik verzichten und Agitator der Völkischen werden.[23] Schon am 3. Dezember wurde Gaafke von seiner vorgesetzten Behörde zu einer Stellungnahme aufgefordert, mit Schreiben vom 10. Dezember versuchte er darzustellen, dass er eigentlich gemeint habe, die Mörder Rathenaus hätten aus irregeleiteter Vaterlandsliebe gehandelt. Nach der Stellungnahme von Schulrat Kühn und den von ihm benannten Zeugen erschien Gaafkes Einlassung jedoch eher unglaubwürdig und es wurde ihm eine „ernste Missbilligung" ausgesprochen.[24] Man darf erwarten, dass Gaafke nach dieser Maßregelung in seinem öffentlichen Auftreten sehr vorsichtig agierte.

Im August 1934 wurde ihm jedoch amtlich mitgeteilt: „Da Ihr damaliges Verhalten unter § 1 des Reichsgesetzes v. 23.6.1933 über die Aufhebung der im Kampf für die nationale Erhebung erlittenen Dienststrafen und sonstigen Maßregelungen fällt, hebe ich die oben gekennzeichnete Maßregelung – ernste Mißbilligung – hiermit auf."[25] Gaafkes Auftreten in der Wahlversammlung am 20. November 1924 wird also 10 Jahre später dem nationalsozialistischen „Kampf für die nationale Erhebung" zugeordnet, gerechtfertigt und überhöht.

Die Gründung der NSDAP-Ortsgruppe Uelzen ist 1934 aus Sicht der Partei dargestellt worden.[26] Nachdem im Juli 1925 bei einer Versammlung sich die

---

[23] Harburger Volksblatt, 25.11.1924.

[24] Personalakte Gaafke, Bl. 69 Äußerung des Lehrers Gaafke in Uelzen zu dem Schreiben vom 3. Dezember 1924, Uelzen, den 10. Dezember 1924; Stellungnahme des Schulrats Kühn, Uelzen, den 10.12.1924 (neben Gaafkes Bericht); Bl. 80 Antwort der Abt. Schulwesen an Louis Gaafke, Lüneburg, 1.2.1925.

[25] Personalakte Gaafke, Bl. 81 Aufhebung der Maßnahme August 1934.

[26] Kreisarchiv Uelzen: Moos, Friedrich: Geschichte der Ortsgruppe Uelzen der NSDAP (bis Oktober 1931), Uelzen 1934; vgl. Niemann, Eckehard: Nationalsozialismus im Landkreis Uelzen, Bd. 1, 1925 – 1933, Varendorf 2014, S. 13f. und Bd. 2, S. 137f.: Vorwort zum „Adreßbuch der Stadt Uelzen", dort wird der 19. Juni 1925 als Gründungstag genannt. – Lenz

Mindestzahl von sechs Gründungsmitgliedern gemeldet hatte, sei der Arbeiter Ernst Lenz zum vorläufigen Ortsgruppenleiter gewählt worden; sein Stellvertreter war der Lehrer Louis Gaafke; Lenz sei dann am 23. August 1925 von Gauleiter Telschow[27] bestätigt worden. Den niedrigen Parteibuchnummern zufolge dürften die folgenden Männer zu diesen Gründungsmitgliedern gehört haben: Johannes Schlünz (9.617); Willy Bräckerbohm [28] (11.773), Heinz [Hans] Möller (11.776)[29] und Ludwig[30] Gaafke (11.777); weitere frühe Mitglieder waren: Adolf Hermstrüwer (15.996), Alex Fricke (19.975), Friedrich Moos (35.339), Alfred Kayser (59.706), Friedrich Wendtland (63.148)[31] und Willy Andrews (98.733).[32] Sie alle bildeten in Uelzen die „Alte Garde", wie sie auf Anordnung Hitlers am 11. August 1933 für die Parteigenossen mit Mitgliednummern bis 100.000 geschaffen wurde.[33] Ab 1926[34] wurde Gaafke mit der Kassenführung des Ortsvereins betraut; er hatte also die wichtige Aufgabe, den finanziellen Mangel eines durchweg kleinen Ortsvereins zu verwalten, für den anscheinend Spendengelder überlebenswichtig waren; die Gründung eines „Opferrings" unter den Uelzener Kaufleuten Anfang 1930 sicherte den Ortsverein und die SA finanziell ab.[35] Für seine aufopferungsvolle Tätigkeit überreichte der Gauleiter Gaafke, Moos als Ortsgruppenleiter und SA-Führer Harms bei der Weihnachtsfeier 1928 ein handsigniertes Führerbild.[36] Als am

---

legte das Amt als Ortsgruppenleiter im Dezember 1927 nieder, zu seinem Nachfolger ernannte der Gauleiter Friedrich Moos (geb. 24.3.1906; Kaufmann), der das Amt aus beruflichen Gründen im Dezember 1931 zur Verfügung stellte.

[27] Niemann, Bd. 2, S. 75f.

[28] Ein Kollege von Gaafke an der Stadtschule, der aber kaum an die Öffentlichkeit getreten ist und deshalb hier unberücksichtigt bleibt; geb. 7.9.1892 in Uelzen. Er kandidierte bei der Kommunalwahl v. 12.3.1933 auf der Liste „Gesunde Wirtschaft" (Platz 16 und damit aussichtslos) und trat im Verfahren gegen den Direktor des Lyzeums, Dr. Ernst Zimmermann, als Zeuge auf.

[29] Hans Möller, geb. 8.11.1905; PG seit 3.8.1925 (Nr.11776); Angehöriger der SS, gemäß den Angaben in: StA Uelzen II A 6 Fach 51, Nr. 36.

[30] Vorname jetzt eingedeutscht.

[31] Friedrich Wendlandt, geb. 9.9.1907, PG seit 13.6.1927 (Nr. 63148); SA seit 13.6.1927.

[32] Willi Andrews, geb. 30.1.1910, PG seit 1.9.1928; SA.

[33] Niemann, Bd. 2, S. 266, AZ 12.8.1933; StA Uelzen II A 6 Fach 51, Nr. 36. Die Stadt weist nach, dass sie Alte Kämpfer beschäftigt.

[34] Moos, Geschichte, S. 9 und 10; in der Entnazifizierungsakte: 1927.

[35] Moos, Geschichte, S. 23.

[36] Moos, Geschichte, S. 18.

25. Mai 1930 allen Beamten die Mitgliedschaft in KPD oder NSDAP strikt verboten wurde (aufgehoben 20. Juli 1932)[37], habe „die Ortsgruppe den Kassenwart Gaafke verloren."[38]

Gaafke selbst präsentierte dem Berufungsausschuss in seinem Entnazifizierungsverfahren[39] dagegen eine ganz andere Erklärung für seinen Parteiaustritt: „Im Juli 1930 trat ich aus der Partei aus, da der politische Kampf Formen annahm, die mir persönlich zuwider und mit meiner Stellung als Lehrer unvereinbar waren. Ich war also an dem eigentlichen Aufstieg der Partei zur Macht nicht aktiv beteiligt." Auf Wunsch alter Genossen und im Vertrauen auf Hitlers Redlichkeit sei er im März 1933 wieder eingetreten.[40] und nur auf Druck der Gauleitung habe er 1936 bis 1943 die Organisationsleitung[41] übernommen – unerwähnt blieb hier allerdings seine Ernennung zum Zellenwart im Dezember 1934.[42] Nach seinen eigenen Angaben war ihm am 28. August 1934 das „Ehrenabzeichen" der Partei verliehen worden:[43] Das Goldene Parteiabzeichen, im Oktober 1933 von Hitler anlässlich des 9. November 1933 gestiftet, ehrte Parteimitglieder mit Mitgliedsnummern unter 100.000 (ab 1934: 300.000) und ununterbrochener Mitgliedschaft. Bei Gaafke war Letzteres offensichtlich nicht der Fall; die Partei wertete Gaafkes Kündigung der Mitgliedschaft im Jahre 1930 also als das, was sie bei vielen überzeugten Nationalsozialisten war, nämlich eine taktische Maßnahme, in Gaafkes Fall wegen des negativen Eintrags in seiner Personalakte umso notwendiger.

Völlig unverdächtig schien dem Berufungsausschuss hingegen die Tätigkeit Gaafkes als einer der 23 Bürgervorsteher (das Stadtparlament) der Stadt

---

[37] Nanninga, Ungeist, S. 15.

[38] Niemann, Bd. 1, S. 15 – davor eine Zusammenfassung der Frühgeschichte des Ortsvereins; Bd. 2, S. 718: Bei der Gründung der Ortsgruppe Bevensen Anfang April 1928 war Gaafke mit Friedrich Moos anwesend; vgl. auch Moos, Geschichte, S. 15, 24.

[39] NLA Hannover Nds. 171 Lüneburg Nr. 59669. Bl. 1: 5. April 1947 Berufungsschreiben Gaafkes gegen Mitteilung der Regierung v. 10.8.1946.

[40] Entnazifizierungsakte Gaafke, Schreiben Gaafkes v. 10.10.1945: er sei 1933 wieder eingetreten, um aktiv an den hohen Zielen Hitlers und der NSDAP mitzuarbeiten.

[41] Ortsgruppenleiter war ab 1934 der Kaufmann Erwin Schulz.

[42] Niemann, Bd. 2, S. 527 Bericht über die Mitgliederversammlung der NSDAP am 11. Dezember 1934. Der Zellenwart war der Vorgesetzte von 6-8 Blockwarten und berichtete dem Ortsgruppenleiter über Stimmung und Missstände.

[43] Niemann, Bd. 2, S. 390: Gaafke wird öffentlich nicht als Empfänger genannt.

Uelzen. Nachdem am 4. Februar 1933 auch die Auflösung der Kommunalver-
tretungen und deren Neuwahl am 12. März 1933 dekretiert worden war – sicheres Zeichen, dass die NSDAP auf allen politischen Ebenen den Umsturz mit
scheinbar legalen Mitteln plante, setzte ein heftiger Wahlkampf ein.[44] Die
Wahlvorschläge der verschiedenen Parteien für diese Wahl wurden am 28. Februar 1933 amtlich bekannt gemacht; bei Wahlvorschlag 1 (NSDAP) fand sich
auf Platz 12 der Lehrer Ludwig[45] Gaafke.[46] Ohne zeitlichen Vorlauf und gute
Kontakte innerhalb der Partei ist eine solche Kandidatur kaum vorstellbar.[47]
Gaafke dürfte also deutlich vor seinem formellen Wiedereintritt in die Partei
für sie tätig gewesen sein. Da die NSDAP die Kommunalwahl am 12. März
1933 klar gewann, stellte sie 12 der 23 Bürgervorsteher, zu denen auch Gaafke
gehörte,[48] bis Anfang 1935 eine neue Gemeindeordnung in Kraft trat, die das
Führerprinzip umsetzte.[49] Mit ihrer Mehrheit, geführt von Paul Nagorski als
Wortführer, schaltete die NSDAP-Fraktion die Vertreter der SPD in der Ge-
meindevertretung und in der städtischen Verwaltung aus[50] und sicherte der Partei die unangefochtene Herrschaft in der Stadt. Gaafke war also am eigentlichen
Aufstieg der NSDAP zur Macht in Uelzen durchaus aktiv beteiligt.

In seinem Schreiben vom 10. Oktober 1945 an den Berufungsausschuss be-
tont Gaafke des Weiteren: „Ich habe während meiner Zugehörigkeit zur
NSDAP nie versucht, irgendwie in den Vordergrund zu treten und persönliche
Vorteile zu erreichen, im Gegenteil mich sehr zurückgehalten und angebotene

---

[44] Niemann, Bd. 1, S. 389 ff.
[45] Der Vorname ist eingedeutscht.
[46] Niemann, Bd. 1, S. 441; vgl. S. 50: Gaafke hatte auch schon bei der Kommunalwahl v.
4.10.1929 für die NSDAP kandidiert.
[47] Er war von 1933 – 1937 stellvertretender Schiedsmann; vgl. Niemann, Bd. 1, S. 485: Der
neue Kreistag wählte Gaafke am 30.3.1933 zum stellvertretenden Mitglied des Jugendamtes.
Dies alles unterstreicht seine Popularität. Siehe: Personalakte Gaafke, Bl. 85.
[48] Niemann, Bd. 1, S. 490 Gaafke wurde zum stellvertretenden Schriftführer gewählt und arbeitete in mehreren Ausschüssen mit.
[49] Die neue (preußische) Gemeindeverfassung vom 15.12.1933 wird durch die Deutsche Gemeindeordnung vom 30.1.1935 (ab 1.4.1935) abgelöst; die 1933 gewählten Bürgervorsteher
blieben letztlich bis Dezember 1934 im Amt. – Vgl. Niemann, Bd. 2, S. 529 und S.148: Im
Adressbuch von 1937, S. 27, wird die Zusammensetzung der Stadtverwaltung gemäß Stand
von 1936 dargestellt – Nagorski ist nicht mehr dabei, da er nach Harburg gezogen ist; unter
den ernannten Ratsherren befindet sich wiederum Gaafke.
[50] Endgültig am 27.6.1933, vgl. Niemann, Bd. 2, S. 35.

Beförderungen abgelehnt."[51] Der polizeiliche Ermittlungsbericht vom 7. September 1948, den der Hauptkläger für das Berufungsverfahren angefordert hatte, bestätigt ausdrücklich: „Auch entspricht es den Tatsachen, dass er [Gaafke] die ihm angebotene Rektorstelle abgelehnt hat, weil er nicht durch die Partei persönliche Vorteile erzielen wollte. Wie ich [d.h. der ermittelnde Beamte] weiter feststellen konnte, wurde G. die Rektorstelle auf Grund einer Anforderung der Parteileitung durch den verstorbenen Regierungsrat Behrens angetragen."[52] Ein ehemaliger Kollege, der Lehrer Albert Meyer, erklärte im gleichen Sinn: „Von der Partei hat er keinerlei persönliche Vorteile erstrebt, sondern im Gegenteil – trotz persönlich schwieriger finanzieller Lage – z.B. eine ihm angebotene bevorzugte Beförderung zum Rektor abgelehnt."[53] Sein damaliger Rektor, Gustav Matthias, der an dem Gespräch mit dem Regierungsrat teilgenommen hatte oder zumindest über den Inhalt informiert gewesen sein dürfte, ging auf das angebliche Beförderungsangebot nicht ein, sondern formulierte 1946 in seinem Leumundszeugnis für Gaafke, dessen Haltung sei durch Uneigennutz diktiert gewesen; „denn es dürfte wohl eine Seltenheit sein, daß der Inhaber des goldenen Parteiabzeichens keine Beförderung erfahren hat."[54] Von Rektor Matthias stammen die Informationen über das Gespräch mit RR Behrens offenbar nicht, demnach kann nur Gaafke selbst deren Quelle sein.

Aus den Akten ergibt sich freilich ein anderes Bild über dessen Inhalt. Das Bildungsministerium in Berlin hatte im Oktober 1937 wegen einer möglichen Beförderung Gaafkes beim zuständigen Schulamt angefragt und den Hinweis erhalten, dass Gaafkes Leistungen nur mittelmäßig seien, er sich aber seiner Grenzen bewusst sei. In dem Gespräch mit dem Sachbearbeiter habe Gaafke erkennen lassen, „daß ihm der Gedanke von Uelzen – wo er ein Haus besitzt – fortzugehen und an einem anderen Ort Schulleiter zu sein, Unbehagen bereite." Er traue sich aber zu, die Leitung der 2. Volksschule in Uelzen zu übernehmen, sobald die Stadtschule geteilt würde. Sein damaliger Rektor und der Kreisschulrat hielten ihn jedoch dafür nicht geeignet.[55] Gaafkes Selbstdarstellung

[51] NLA HA Nds. 171 Lüneburg Nr. 59669, Antrag Gaafkes auf Wiedereinstellung (Eingang 10.10.1945).
[52] Entnazifizierungsakte Gaafke, Ermittlungsbericht v. 7.9.1948.
[53] Entnazifizierungsakte Gaafke, Bl. 7a, Erklärung vom 21.5.1947.
[54] Entnazifizierungsakte Gaafke, Bl. 4 Bescheinigung v. 12.8.1946.
[55] Personalakte Gaafke, Bl. 87.

wird demnach in mehreren Punkten den Tatsachen nicht gerecht und dient offenkundig dazu, den Entnazifizierungskammern ein positives Bild seiner Parteitätigkeit vorzuführen.

Seine Rolle als „Meckerer"[56] und Mahner wird durch mehrere Aussagen bestätigt und mag ein weiterer Grund dafür sein, dass sein Aufstieg ausblieb. Gaafke selbst schrieb dazu: „Als manches in der Partei geschah, was ich nicht gutheißen konnte und die früher bekämpfte selbstsüchtige Bonzenwirtschaft einriß, habe ich mich immer mehr von der Parteiarbeit zurückgezogen, so daß ich oft Vorwürfe hinnehmen mußte."[57] Eine Begebenheit aus dem Mai/Juni 1933 belegt diese Entwicklung.[58] Ein „suggerierter" Mob hatte den Laden des Johann Tjardes – den Tannenbergladen[59] – angegriffen und es sei lediglich einem glücklichen Zufall zu verdanken gewesen, dass Tjardes nicht mit dem Laden in die Ilmenau gestürzt worden sei,[60] eine etwas übertriebene Darstellung.[61] Tjardes überlebte die NS-Zeit und war in den Entnazifizierungsverfahren zeitweise als Vorsitzender eines Unterausschusses tätig. Da der öffentliche Kläger vermeiden wollte, Tjardes als Entlastungszeugen in einem mündlichen Verfahren gegen Gaafke zu benennen, holte er dessen schriftliche Stellungnahme ein.

Der Vorfall selbst scheint mit Tjardes führender Rolle im Tannenbergbund[62] zusammenzuhängen, dessen Uelzener Ortsverein am 1. Juli 1933 verboten wurde. Im Frühsommer 1933 ging es der NSDAP darum, mögliche Konkurrenzorganisationen aus- und gleichzuschalten, also die Macht zu monopolisieren. Mehrfach hatte man versucht, Veranstaltungen des Tannenbergbundes

---

[56] Entnazifizierungsakte Gaafke, Leumundszeugnis des Lehrers Albert Meyer, Frühjahr 1947.
[57] Entnazifizierungsakte Gaafke, Bl 1, Berufungsschreiben v. 5.4.1947.
[58] Entnazifizierungsakte Gaafke, Bl. 5 Erklärung des Wilhelm Schulz, Wrestedt, 2.11.1946. Alle Angaben leider sehr unkonkret.
[59] So die Formulierung von Nagorski in seinem Schreiben an Gaafke v. 3.7.1933, Entnazifizierungsakte Gaafke.
[60] Entnazifizierungsakte Gaafke, Anfrage des öffentlichen Klägers, Uelzen 23.8.1948 bei Johann Tjardes, Uelzen wg. Gaafke, Tjardes Antwort auf dem Bogen, 27.8.1948. Frdl. Auskunft das StA Uelzen: Johann Tjardes (19.9.1884 Wallum – 24.2.1966), seit 1919 in Uelzen, Landmesser und Kulturingenieur.
[61] StA Uelzen IV C Fach Nr. 166, lfd. Nr. 14; den Angaben der Polizisten zufolge war Tjardes am 28.6.1933 um 21.45 Uhr nicht im Buchladen.
[62] https//de.wikipedia.org/wiki/Tannenbergbund.

verbieten zu lassen oder zu stören.[63] Möglicherweise war Gaafke[64] im TB Mitglied gewesen, als er die Mitgliedschaft in der NSDAP auf Weisung des preußischen Innenministers zwischen 1930 und 1932 unterbrechen musste. Als früherer Anhänger Ludendorffs stand er dem TB jedenfalls politisch recht nahe; sein steter Kampf gegen „Terror gegenüber ehemaligen politischen Gegnern"[65] scheint hingegen die SPD nicht eingeschlossen zu haben.

Tjardes führte zu dem Angriff auf den Tannenbergladen aus: „Gaafke hat mit der Angelegenheit nur soweit zu tun, als er sich von solchen wildwest Methoden [sic!] recht deutlich distanzierte und […] dies sogar in einer öffentlichen Sitzung des Bürgerkollegiums sagte. Gleichfalls billigte er nicht, daß ich von 1933 ab von sämtlichen öffentlichen Arbeiten aus politischen Gründen ausgeschlossen werden sollte, wie es tatsächlich geschah. […] Mit dem Kurs und Geiste, der 1933 […] in die Partei einzog, war er wenig zufrieden und fühlte sich in seinen Erwartungen enttäuscht. So kam es zu Meinungsverschiedenheiten mit den offiziösen Parteigrößen."[66] Diese Einschätzung findet ihre Bestätigung in einem Schreiben des Wortführers der Uelzener Bürgervorsteher Paul Nagorski[67] vom 3. Juli 1933. Nagorski bezieht sich darin auf die letzte vertrauliche Sitzung der Bürgervorsteher, auf der Gaafke die Sache Tjardes außerhalb der Tagesordnung zur Sprache gebracht und dabei Äußerungen Nagorskis gegenüber der anderen Fraktion – gemeint ist wohl die Fraktion „gesunde Wirtschaft" – scharf kritisiert habe. Nagorski schrieb: „Sie sind ein so alter Pg., daß ich es erheblich bedaure, daß Sie nun dauernd auch mit anderen Pg., die in unserer Fraktion sind, in Meinungsverschiedenheiten kommen. Auf der Sitzung

---

[63] Mitteilung von Frau Dr. Böttcher, StA Uelzen, am 6.12.2023.

[64] Entnazifizierungsakte Gaafke, Schreiben des öffentlichen Klägers an den Entnazifizierungshauptausschuss, 16.10.1948: Gaafke habe bereits 1924/31 (Zusatz 1925/30) der völkischen Freiheitsbewegung angehört, sei allerdings dann wieder ausgetreten. (Es wird die Ansicht von Zeitgenossen aus der SPD zitiert).

[65] Entnazifizierungsakte Gaafke, Gesuch vom 10.10.1945.

[66] Entnazifizierungsakte Gaafke, Antwort von Johann Tjardes, 27.8.1948. Vgl. Der öffentliche Kläger an den Hauptkläger, Uelzen 25.10.1948, dort wird behauptet, Gaafke habe Gewalttaten verhindert.

[67] Bundesarchiv NSDAP-Gaukartei R 9361-IX Kartei/30061012: Paul Nagorski, geb. 22.1.1902 in Mannheim; Werksleiter. Einer der sehr aktiven Nationalsozialisten in Stadt und Kreis Uelzen, u.a. als Kreisleiter der NSBO (NS-Betriebszellenorganisation, die „SA in den Betrieben"). Er wohnte in Veerßen bzw. Uelzen, zog 1936 nach Harburg und später nach Dannenberg. Eintritt in die NSDAP: 1.10.1931 (Mitgliedsnummer 638.419).

der alten Pg.s am letzten Sonnabend […] kam es ebenfalls zwischen uns und allen übrigen Pg.s zu grundlegenden Meinungsverschiedenheiten." Nagorski erklärte „schriftlich, daß er keine Anordnung und keine Organisation zur Erstürmung des Tannenbergladens vorgenommen" habe und forderte Gaafke zum freiwilligen Austritt aus dem Stadtparlament auf. „Wenn wir demnächst im Stadthaus nur noch eine Fraktion[68] sind, so darf es überhaupt keine Meinungsverschiedenheiten geben, die in dieser so krassen Form wie bei Ihnen, hervortreten."[69] Gaafke ignorierte diese Aufforderung und blieb bis zu seiner ehrenhaften Entlassung im Dezember 1934 Bürgervorsteher.[70]

Wegen des Angriffs auf den Tannenbergladen gab es 1934/35 ein Gerichtsverfahren, in dem Gaafke als Zeuge zu Tjardes Gunsten aussagte. Er ergänzte dazu wohl 1946 auf der Rückseite einer Kopie von Nagorskis Schreiben: „In der Nacht nach dem Termin wurden mir die Fenster eingeworfen. Die Täter erklärten mich in einem Schreiben an den Ortsgruppenleiter als Verräter und drohten, mich aufhängen zu wollen." Die zuvor kritisierten „Wild-West-Methoden" richteten sich damit gegen Gaafke und so wäre es verständlich, wenn er nun nicht mehr mit dem Herzen bei der Parteiarbeit gewesen wäre.

An dieser Stelle sei ein kurzer Blick auf die damalige Struktur der NSDAP gestattet. Der Ortsgruppenleiter war im Juni/Juli 1933 anstelle des erkrankten Dr. Otto Pöppelmann der Rechtsanwalt Dr. Krüger[71] und nach ihm Paul Nagorski. Anders als von Tjardes unterstellt, gehörten diese „offiziösen Parteigrößen" nicht zu den 1933 neu eingetretenen Mitgliedern, Pöppelmann beispielsweise war 1932 Mitglied geworden, Nagorski ein Jahr vor ihm. Diese Männer sind vielmehr der zweiten Gruppe neuer Parteimitglieder zuzurechnen, die sich seit der Weltwirtschaftskrise der Partei zugewandt hatten – zwischen dem 14. September 1930 und dem 30. Januar 1933 stieg die Zahl der Parteimitglieder von 129.000 auf 849.000[72] – und ebenfalls von den alten Mitgliedern wie Gaafke beargwöhnt wurden.

---

[68] Das war am 12.8.1933 der Fall: Niemann, Bd. 2, S. 267f.
[69] Entnazifizierungsakte Gaafke, Schreiben Nagorskis an Gaafke, Uelzen, d. 3.7.1933 – von Gaafke zu seiner Entlastung beigefügt.
[70] Niemann, Bd. 2, S. 529: 18.12.1934 Vereidigung der neuen Ratsherren und Verabschiedung der Bürgervorsteher.
[71] Dr. Wilhelm Krüger (geb. 1903), Rechtsanwalt und Notar. Er ist ansonsten anscheinend nicht hervorgetreten.
[72] Broszat, Der Staat Hitlers, S. 49.

Wenn Gaafkes Einsatz für die Partei, wie er ohne weitere Belege behauptet,[73] seit 1933 tatsächlich geringer geworden war, so betraute ihn die Partei zunächst auch nur mit nachrangigen Aufgaben. Kaum war er im Dezember 1934 als gewählter Bürgervorsteher in Ehren entlassen worden, wurde er nach der neuen einheitlichen Gemeindeverfassung im Oktober 1935[74] auf sechs Jahre zum Gemeinderat ernannt – ein reines Ehrenamt, dessen Annahme gesetzliche Pflicht war. Auf der Mitgliederversammlung der NSDAP im Dezember 1934 aber war Gaafkes Ernennung zum Zellenwart bekannt gegeben worden.[75] Seine Aufgabe bestand darin, an den Besprechungen der Blockleiter teilzunehmen und den Ortsgruppenleiter mündlich über die Stimmung in der Bevölkerung und etwaige Missstände zu informieren. Die Partei war mit Gaafkes Tätigkeit anscheinend so zufrieden, dass sie ihm von 1936 bis 1943 die Organisationsleitung der Ortsgruppe Uelzen übertrug, d.h. er war der Stellvertreter von Ortsgruppenleiter[76] Erwin Schulz. Insgesamt kann also von geringem Engagement Gaafkes für die Partei seit 1933 nicht die Rede sein.

Im November 1943 wurde er trotz seines Alters noch einmal zum Wehrdienst eingezogen und diente als Unteroffizier bei der Flakartillerie in Dortmund, bis er im Januar 1944 „uk" gestellt wurde und in den Schuldienst zurückkehrte. Vom Dezember 1944 bis zum März 1945 war er dem Volkssturm Uelzen zugeteilt. Nach der Kapitulation musste Gaafke wie alle seine Kollegen einen umfangreichen Fragebogen zu seiner NS-Vergangenheit einreichen (Fragebogen v. 7. Juni 1945). Die Entnazifizierungskammer identifizierte ihn als „sog. alten Fanatiker", empfahl der Militärbehörde seine Einordnung in Kategorie III und damit seine Dienstentlassung, die am 20. August 1945 erfolgte.[77]

Zwischenzeitlich saß Gaafke für drei Monate im Zuchthaus Celle ein, nachdem er am 12. Juni 1945 „den Befehl eines britischen Offiziers nicht sofort ausgeführt und durch sein Verhalten die Würde eines britischen Offiziers verletzt" hatte, so Gaafkes eigene Formulierung.[78] Vermutlich war es zu einem

---

[73] Entnazifizierungsakte Gaafke, Bl 1, Berufungsschreiben v. 5.4.1947.
[74] Niemann, Bd. 2, S. 586.
[75] Niemann, Bd. 2, S. 527: Mitgliederversammlung vom 11.12.1934.
[76] https://de.wikipedia.org/wiki/Struktur_der_NSDAP.
[77] Entnazifizierungsakte Gaafke: Fragebogen v. 7.6.1945; Bl. 10 Opinion Sheet.
[78] NLA HA Hann. 86 Celle Acc. 142/90 Karteikarte Nr. 45/460, dito Nr. 3500: Militärgericht Uelzen, Strafentscheidung v. 16.6.1945: 3 Monate Gefängnis wegen Nichtbeachtung englischer Befehle (15.6. – 14.9.1945). Darstellung Gaafkes in seinem Gnadengesuch v. 22.7.1945.

Konflikt mit einem britischen Offizier gekommen, als es um die Requirierung von Gaafkes Haus durch die Besatzungsmacht gegangen war.[79] In seinem Gnadengesuch an das britische Militärgericht schrieb er u.a.: „Ich habe stets eine britisch-deutsche Verständigung erwünscht und die britische Politik bewundert, die es verstanden hat, viele Freunde unter den Nationen zu gewinnen." Sein Gesuch wurde kommentarlos abgelehnt.

Aus der Haft heraus formulierte Gaafke seine Berufung gegen seine Entlassung aus dem Schuldienst und reichte sie am 7. September 1945/Eingang 10. Oktober 1945 über den Schulrat beim Berufungshauptausschuss ein.[80] Sein reguläres Entnazifizierungsverfahren endete am 5. Juni 1946 ebenfalls mit der Einordnung in Kategorie III. Mit Schreiben vom 5. April 1947 legte Gaafke gegen diesen Beschluss Berufung ein; die Kammer bestätigte ihr Urteil vom 5. Juni 1946, legte den Widerspruch aber dem Hauptausschuss in Lüneburg vor. Dort erging am 30. September 1948 ein Urteil, das Gaafke nunmehr in Kategorie IV unter Verbot der Wählbarkeit einreihte, die Verfahrensgebühren wurden auf 300 DM festgesetzt. Damit wäre ihm die Rückkehr in den Schuldienst möglich gewesen. In der Begründung hieß es: „Insbesondere hat er nachweislich die ihm angebotene Stelle abgelehnt, weil er nicht durch die Partei persönliche Vorteile erzielen wollte. Er hat ferner nachweislich nicht nur Andersdenkende weder denunziert, noch zur Anzeige gebracht, sondern sich im Gegenteil für von der Partei bedrohte [Personen] eingesetzt."[81]

Zwei Ausschussmitglieder – Adolf Meyer und Walter Kloos, SPD – äußerten Mängel an dem Verfahren. Gaafke habe bereits 1924/31 (Zusatz 1925/30) der völkischen Freiheitsbewegung angehört, sei allerdings dann wieder ausgetreten. Trotz seiner verhältnismäßig geringen Formalbelastung (Zellenleiter) sei er einer der Mitbegründer der NSDAP in Niedersachsen, sei auch in der Schrift von Moos über die NSDAP […] in Niedersachsen erwähnt, wenn er auch nicht zu den Rabauken gehört habe."[82] Vor allem aber bemängelte Kloos,

[79] Entnazifizierungsakte Gaafke: Antrag auf Gebührenerlass, Uelzen, d. 18. Okt. 1948.
[80] Entnazifizierungsakte Gaafke: Berufungsschreiben Gaafkes v. 10.10.1945 (Eingang), auch in englischer Sprache.
[81] Entnazifizierungsakte Gaafke: Bl. 1: Berufungsschreiben Gaafkes v. 5.4.1947 (handschr.); Bl. 9: Berufungseingabe weitergereicht; Antrag des öffentlichen Klägers v. 9.9.1948; Beschluss v. 30.9.1948.
[82] Entnazifizierungsakte Gaafke: Schreiben des öffentlichen Klägers an den Entnazifizierungshauptausschuss in Hannover, 16.10.1948.

dass die Entscheidung ohne Zuziehung der Ausschussmitglieder erfolgt sei. Da kein weiteres Belastungsmaterial gegen Gaafke gefunden wurde und folglich keine Einreihung in Kat. III zu erwarten war, blieb es bei dem Urteil vom 30. September 1948.[83] Damit konnte er seine Wiedereinstellung als Lehrer beantragen (12. Oktober 1948) und war ab 1. Januar 1949 an der Stadtschule II in Uelzen tätig. Er starb am 17. Dezember 1955.

Die Höhe der Verfahrenskosten von 300 DM hatte Gaafke zuvor zweimal zu Ermäßigungsanträgen veranlasst. Im Oktober 1948 bat er um wesentlichen Gebührenerlass bis zu seiner Wiederanstellung als Lehrer; seit Juli 1945 beziehe er kein Gehalt, seither sei er als Landarbeiter beschäftigt mit monatlich 45 DM Lohn. Außerdem argumentierte er u.a. mit den erheblichen Schäden, die an seinem Haus und Hausrat durch die Militärregierung entstanden seien, die das Haus von Mai 1945 bis Februar 1947 besetzt hatte.[84] Als dieser Bitte nicht entsprochen wurde, erhob er im Juli 1949 Einspruch beim Hauptausschuss: Er sei seit 1. April 1949 wieder als Volksschullehrer tätig (monatlich 414 DM); er müsse die hohe Gebühr von 300 DM im schriftlichen Verfahren als eine ungerechte Bestrafung empfinden; ihm sei bekannt, „daß Kollegen trotz mündlicher Verhandlung nur 50 DM zahlen brauchen und ein mir bekannter Bauer in guter wirtschaftlicher Lage, obgleich er stellvertretender Kreisleiter und Kreisbauernführer war, trotz mündlicher Verhandlung ebenfalls nur 50 DM zu entrichten hat. Mir ist im Entnazifizierungsbescheid ausdrücklich bestätigt worden, daß ich wirtschaftliche Vorteile durch die Partei abgelehnt und mich für bedrohte Volksgenossen eingesetzt habe.“[85] Nach einer Entscheidung vom 20. Januar 1950 wurden die Verfahrenskosten auf 80 DM festgesetzt.[86] Sein Narrativ vom abgelehnten Rektorenposten hatte ihm anscheinend noch ein letztes Mal genützt.

Ohne Zweifel hat Louis Gaafke seine Parteikarriere nachträglich für seine Entnazifizierungsverfahren geschönt dargestellt. Gibt es darüber hinaus Anhaltspunkte für seine grundsätzliche Distanzierung vom Nationalsozialismus?

---

[83] Entnazifizierungsakte Gaafke: Schreiben des öffentlichen Klägers an den Entnazifizierungshauptausschuss in Hannover, Uelzen 25.10.1948.

[84] Entnazifizierungsakte Gaafke: Bitte um Gebührenerlass, Uelzen, d. 18. Okt. 1948.

[85] Entnazifizierungsakte Gaafke: Schreiben Gaafkes an den Entnazifizierungs-Hauptausschuss betr. Einspruch gegen Gebührenfestsetzung v. 280 M, Uelzen, d. 23. 7. 1949. Er bezieht sich auf ein Schreiben vom 10. Juni 1949.

[86] Entnazifizierungsakte Gaafke: Kostenentscheidung v. 20.1.1950.

Es erscheint durchaus plausibel, dass er sich in seiner Rolle als „Mahner und Meckerer", die er als ehrlicher, überzeugungstreuer Angehöriger der „alten Garde" ausfüllte, zunehmend desillusioniert fühlte. Ein moralisches Fehlverhalten kann er bei sich selbst gleichwohl nicht erkennen. Hitler und seine Redner hätten ihn in der Innen- wie in der Außenpolitik belogen und betrogen. Die NSDAP sei auf legalem Wege auf Grund der demokratischen Verfassung von Weimar zur Macht gekommen. Die nationalsozialistische Regierung sei von vielen demokratischen Staaten anerkannt worden, die mit Hitler Verträge abgeschlossen hätten. „Ich konnte also nicht ahnen, daß eine Mitarbeit in seiner Partei einmal als Schuld angerechnet werden sollte."[87] Von einem jahrelangen, treuen Nationalsozialisten sollte man allerdings zumindest Grundkenntnisse des politischen Programms der Partei und von Hitlers „Mein Kampf" erwarten dürfen, beispielsweise den Begriff der Lebensraumpolitik, die ohne Anwendung von Gewalt nicht zu verwirklichen war. Eine Formulierung in Gaafkes Berufungsschreiben von 1947 lässt erkennen, dass er sich der nationalsozialistischen Ideologie noch immer verbunden fühlte: Er behauptete, er habe „auch eine menschenwürdige Behandlung (wie er formulierte) fremdrassiger Staatsangehöriger vertreten" – der Rassegedanke bestimmte immer noch sein Denken.

---

[87] Entnazifizierungsakte Gaafke: Bl. 1: 5. April 1947 Berufungsschreiben Gaafkes gegen Mitteilung der Reg. v. 10.8.1946.

Pöppelmann, Otto

Ausbildung als Lehrer

Otto Josef Paul Pöppelmann wurde am 17. November 1885 in Osnabrück geboren, sein Vater war Handelsschullehrer. Otto besuchte das Carolinum in Osnabrück und bestand das Abitur Ostern 1904. Anschließend studierte er Deutsch und Geschichte[88] in Münster (Ostern 1904 – Ostern 1905) und Greifswald, wo er im Sommer 1908 das Staatsexamen ablegte, am 22.11.1907 war er zum Dr. phil. promoviert worden [Thema: Georg Beseler und seine Tätigkeit für die Grundrechte des deutschen Volkes im Jahre 1848]. 1921[89] kam noch eine Prüfung in russischer Sprache hinzu. Nachdem er im August und September 1908 an der staatlichen Handelsschule in Osnabrück einen Lehrer vertreten hatte, trat er Ostern 1910 am staatlichen Realgymnasium Osnabrück seinen Vorbereitungsdienst an, nach der pädagogischen Prüfung ließ er sich ab dem 1. April 1911 für den russischen Staatsdienst beurlauben. Seit dem 23.9.1912 war Pöppelmann verheiratet mit Jeanette Gerlach; Kinder sind in den Personalbogen nicht eingetragen und auch nach 1943 nicht nachgewiesen. Als Religionszugehörigkeit ist 1943 „gottgläubig" vermerkt, danach war er am 4. November 1937 aus der lutherischen Kirche ausgetreten,[90] offenbar ein Zeichen an die Partei.

Motive für seinen Weggang nach Russland sind unbekannt. Handelte er aus Abenteuerlust? Sah er die Möglichkeit zu einer schnellen Karriere ohne weitere Ausbildung und Assessorenjahre? In Russland jedenfalls war er ab 1911 als Instrukteur für den Deutschunterricht tätig, im Rang und mit dem Gehalt eines Staatsrates am I. staatlichen Gymnasium in Astrachan, einer russischen Stadt am Wolgadelta. Als von ihm verlangt wurde, die russische Staatsbürgerschaft anzunehmen, quittierte er im Februar 1913 den Dienst und trat in die größte Versicherungsbank in St. Petersburg ein. Bei Kriegsausbruch 1914 misslang die Ausreise nach Deutschland und so wurde Pöppelmann von August 1914 bis Juli 1918 als Zivilgefangener in Russland interniert. Zusammenfassend schreibt

---

[88] NLA HA Nds 120 Hannover Acc.43/87 Nr. 198 Personalakte Otto Pöppelmann, Bl. 16 Lebenslauf 1950: Vergleichende Sprachwissenschaft, Germanistik, Geschichte, Geographie, Geologie.

[89] Personalakte Pöppelmann, Bl. 16 Lebenslauf 1950: 1927.

[90] Personalakte Pöppelmann, Bl.1ff. Personalblatt. Bis auf geringe Reste ist die Personalakte 1943 verbrannt. Viele Angaben stammen aus der Nachkriegszeit von Pöppelmann selbst.

er über die Zeit in Russland: „In diesen sieben Jahren habe ich neben gründlicher Aneignung der [russischen] Sprache etwa 2/3 des europäischen Russland kennengelernt und umfassenden Einblick gewonnen in Landschaft, Klima, Ethnographie, Verwaltung, Kultur, wirtschaftliche und soziale Struktur etc."[91]

Zurück in Deutschland wurde Pöppelmann im Oktober 1918 zum Studienassessor ernannt, von April 1919 bis April 1921 unterrichtete er an der Erziehungsschule Schloss Bischofstein, von April 1921 bis März 1922 am Städtischen Lyzeum in Uelzen, nebenher lehrte er auch an der Volkshochschule Uelzen. Vom 1. April 1922 an versah er eine Studienratsstelle am Realgymnasium Uelzen, bis ihm ab dem 1. Juni 1934 zunächst kommissarisch die Studiendirektorenstelle am Wilhelmsgymnasium Emden übertragen wurde.[92] Auf Anregung seines Schulrats hatte er sich schon 1925 um Direktorenstellen an den städtischen Gymnasien in Northeim und Wolfenbüttel beworben, war zwar beide Male in die engere Wahl gekommen, aber letztlich gescheitert. Auf weitere Bewerbungen habe er verzichtet und stattdessen 1928 in Uelzen ein Haus gebaut.[93] „Eine spätere ihm nagehegelegte Beförderung zum Oberschulrat scheiterte am Willen des Herrn Dr. Pöppelmann."[94]

Märzwahlen und Machtübernahme 1933

Seine Parteikarriere erscheint durchaus ungewöhnlich. Nach einer beglaubigten Abschrift von 1938[95] trat Pöppelmann am 1. September 1932 in die NSDAP ein (Mitgliedsnummer 1.343.432),[96] er wurde sofort zum Pressewart der Ortsgruppe Uelzen bestimmt und schon zwei Monate später, am 1. November 1932, übertrug man ihm das Amt des Ortsgruppenleiters – auf Vorschlag

---

[91] Personalakte, Bl. 16. Die weltgeschichtlichen Ereignisse – Oktoberrevolution; Frieden von Brest-Litowsk – bleiben unerwähnt
[92] Personalakte Pöppelmann, RA Wahl an Schulbehörde, Frankfurt/M. 16.6.1951. 1934 vermietete er dieses Haus an Wilhelm Lendle: vgl. Nanninga, Ungeist, S. 51f.; vgl. Festschrift: „50 Jahre OfJ Uelzen", Uelzen 1954, S. 73; dort wird behauptet, Pöppelmann sei an der OFJ Uelzen als kommissarischer Leiter eingesetzt worden; tatsächlich war das Lendle.
[93] Personalakte Pöppelmann, RA Wahl an Schulbehörde, Frankfurt/M. 16.6.1951. 1934 vermietete er dieses Haus an Wilhelm Lendle: vgl. Nanninga, Ungeist, S. 51f.
[94] Personalakte Pöppelmann, RA Wahl an Schulbehörde, Frankfurt/M. 16.6.1951.
[95] Personalakte Pöppelmann, Bl. 2.
[96] BArch R 9361-IX Kartei/32761346. Eintritt in den NS-Lehrerbund [Nr. 10.566] am 1.1.1932 – später korrigiert auf 1.1.1933; Kreisbildungswart; NSV 1.8.1934; Ortsobmann der NSKG [Kulturgemeinde]; Kreiskulturwart 15.10.34.

des Kreisleiters ernannt vom Gauleiter. Er gehörte damit zum „Korps der Politischen Leiter", den „Goldfasanen", wie sie wegen der schmucken Uniformen genannt wurden. Seit Hitlers Ernennung zum Reichskanzler trat Pöppelmann nun auch öffentlich hervor.[97] Liest man die damaligen Zeitungsberichte, so scheint es fast, als müsse er in seine neue Rolle erst hineinfinden. In seinem Lehrerkollegium verbreitete er große Unruhe, indem er mit der HJ in der Schule zusammenarbeitete und sich selbst als neuen Schulleiter ins Spiel brachte.[98] Und letztlich trug er auch die Verantwortung für die „Beschimpfungen und Verfolgungen", denen sein Kollege Paul Schäffer als ehemaliger Freimaurer in Uelzen ausgesetzt war.[99] Die Partei erwartete von Pöppelmann als Ortsgruppenleiter, dass er den Wahlkampf organisierte und die Kandidatenliste der NSDAP für die Kommunalwahl am 12. März 1933 anführte. Im Mittelpunkt der Tätigkeit stand allerdings zunächst die Reichstagswahl, parallel zu der auch der Landtag neu gewählt wurde.[100]

Bei der „Schicksalswahl"[101] vom 5. März 1933, die den Wählern eine noch relativ freie Stimmabgabe gestattete, ging es für die Nationalsozialisten darum, im Reichstag eine verfassungsändernde Mehrheit zu erreichen, mit der dann das parlamentarische System abgeschafft werden konnte. Um der propagandistischen Wirkung willen sollte diese Mehrheit möglichst breit ausfallen, damit sich der Wille des gesamten Volkes gegenüber den „Volksfeinden" abbilde. NSDAP (288 Mandate) und DNVP (52 Mandate) hatten im neugewählten Reichstag (647 Abgeordnete) zwar die absolute Mehrheit, es bedurfte jedoch massiven Terrors, weitgehender, wenn auch leerer Versprechungen Hitlers und einiger juristischer Finessen, um die Verabschiedung des Ermächtigungsgesetzes durchzusetzen.[102] Da das Reichstagsgebäude durch den Brand unbenutzbar geworden war, fand die entscheidende Sitzung in der Kroll-Oper statt. Außen war das Gebäude durch SS gesichert, in den Gängen und an den Türen waren

---

[97] Niemann, Eckehard: Nationalsozialismus im Kreis Uelzern, Bd. 1: 1925 – 1933, Varendorf 2014, S. 386, 397, 401.
[98] Nanninga, Ungeist, S. 22.
[99] Nanninga, Ungeist, S. 66.
[100] Vgl. https://www.hansestadt-uelzen.de/textonly/stadt-verwaltung/archiv-aktuell/Aus dem Archiv: Machtübernahme 1933 in Uelzen.
[101] Niemann, Bd. 1, S. 440.
[102] https://www.bundestag.de/dokumente/Textarchiv/2023/kw12-kalenderblatt-ermaechtigungsgesetz-938540.

SA-Männer aufgezogen. Viele Abgeordnete fürchteten für sich und ihre Familien um Leib und Leben. Damit der Reichstag beschlussfähig war, mussten laut Artikel 76 der Weimarer Verfassung mindestens 2/3 der Reichstagsabgeordneten anwesend sein; wenn also 216 der 647 Abgeordneten fehlten, war das Haus nicht mehr beschlussfähig. Die 81 gewählten Abgeordneten der KPD sowie 26 Abgeordnete der SPD waren geflohen oder aufgrund der Reichstagsbrandverordnung verhaftet; wenn weitere 109 Abgeordnete der Abstimmung fernblieben, fiel sie aus. Die verbliebenen 94 Vertreter der SPD hätten jedoch allein nicht ausgereicht, die Abstimmung zu blockieren. Sicherheitshalber beantragte die Reichsregierung aber eine Änderung der Geschäftsordnung, wonach unentschuldigt fehlende Abgeordnete als anwesend gezählt werden konnten; zu entscheiden hätte das Präsidium: Hermann Göring. Alle Abgeordneten außer die der SPD stimmten für diese Änderung, für die lediglich eine einfache Mehrheit erforderlich gewesen wäre, also die Stimmen von NSDAP und DNVP ausgereicht hätten: Anscheinend hielt man Anpassung für klüger als demonstrativen Widerstand. Bei der Abstimmung über das Ermächtigungsgesetz am 23. März 1933 waren 538 Abgeordnete anwesend; für die Verabschiedung der Vorlage waren also mindestens 359 Stimmen nötig, von denen 340 von NSDAP und DNVP kamen; 19 Stimmen hätten von den anderen Fraktionen (BVP oder Zentrum) kommen müssen, letztlich stimmten aber 444 Abgeordnete für die Vorlage, die 94 Abgeordneten der SPD dagegen. Trotz dieser breiten Mehrheit für das Ermächtigungsgesetz ist festzuhalten, dass die Abstimmung etwa im Sinne des § 36 der Weimarer Verfassung nicht als legal anzusehen ist, da sie unter erheblichem Druck stattfand.

In der Folge wurde Schritt für Schritt der „Führerstaat" etabliert. Bis heute hält sich die Vorstellung, es habe sich dabei um einen straff von oben nach unten durchorganisierten Staat gehandelt, der für Arbeit, Ruhe, Ordnung und vor allem Sicherheit gesorgt habe, so dass Frauen nachts angstfrei auf der Straße sein konnten. Charakteristisch für den Führerstaat wie für andere autoritäre Systeme ist vielmehr eine Doppelstruktur von „Staat" (Behörden) und Partei, zwischen denen die Kompetenzen jedoch weitgehend ungeklärt sind – ein „organisatorischer Dschungel".[103] Die NSDAP bildet zudem keinen monolithischen Block. SA, SS, HJ und andere Organisationen nehmen Sonderstellungen ein, allenthalben herrscht Konkurrenz, denn der wahre Führer setzt sich

---

[103] Broszat, Staat Hitlers, S. 439.

durch. Sollte auf einer Ebene keine Entscheidung möglich sein, so kann die nächst höhere Ebene entscheiden und somit ihre Macht festigen. Die Bevölkerung wurde einerseits von verschiedenen Stellen überwacht, andererseits mobilisiert, erfasst und in die Parteiorganisationen hineingezogen, so dass sie ideologisch beeinflusst werden konnte. Dies ist der Hintergrund auch für die Lokalgeschichte.

In der Stadt Uelzen hatten die Reichstagswahlen 4.341 Stimmen für die NSDAP erbracht, das entspricht etwa 52% aller abgegebenen Stimmen.[104] Bei der zeitgleich stattfindenden Landtagswahl entschieden sich 4.230 Wähler – 51% der abgegebenen Stimmen – für die NSDAP:[105] eine deutliche Mehrheit für den Systemwechsel.

Eine Woche später folgten die Wahlen zum Provinziallandtag, die Kreistagswahlen und die Gemeindewahlen. Auf Kreistagsebene votierten 3.857 Wähler für die NSDAP, das entspricht 53% aller abgegeben Stimmen; für den Provinziallandtag stieg dieser Anteil sogar auf 56%, erneut ein scheinbar klares Votum gegen die Demokratie. Die Wahlakte[106] gibt die Zahl der Wahlberechtigten mit 9.116 resp. 9.097 an; in Bezug auf die verfügbaren Wählerstimmen beläuft sich der Anteil der NSDAP bei der Kreistagswahl auf 42,3%, bei der Wahl zum Provinziallandtag auf 44,3%.

Auch bei der Kommunalwahl in der Stadt Uelzen erreichte die NSDAP anscheinend fast 50% der abgegebenen Stimmen; in fünf der sechs Stimmbezirke fiel die Stimmenmehrheit deutlich aus, selbst in der Hochburg von SPD und KPD, Wahldistrikt IV „Schule am Platz", siegte die NSDAP mit leichtem Vorsprung. Die „Allgemeine Zeitung"[107] veröffentlichte das Ergebnis in absoluten Zahlen; wer Vergleichswerte errechnen will, dem stehen als Bezugsgröße nur die „abgegebenen Stimmen" zur Verfügung, ein Wert, der die „Nichtwähler" und die ungültigen Stimmen ignoriert und somit die Relationen verzerrt. Auch

---

[104] Aber nur 47,7% der verfügbaren Stimmen (geschätzt), vgl. Niemann, Bd. 2, S. 356: Hier wird der wachsende Stimmenanteil der NSDAP seit 1924 herausgestellt.

[105] Niemann, Bd. 1, S. 444.

[106] StA Uelzen I A 3 Fach Nr. 4, lfd. Nr. 8 Wahlen zum Reichstag, Landtag, Provinziallandtag, Kreistag; auch Nr. 12.

[107] Niemann, Bd. 1, S. 451, 469. Ergebnis der Kreistagswahl vom 12.3.1933; Ergebnis der Wahlen zum Provinziallandtag v. 12.3.1933.

die Wahlakte überliefert nicht die Anzahl der Stimmberechtigten. In einem Artikel der „AZ"[108] wird jedoch bei 7.158 abgegebenen Stimmen eine Wahlbeteiligung von 82,9% errechnet – daraus ergibt sich eine Anzahl von 8.634 Wahlberechtigten, ein recht niedriger Wert. Bezogen darauf sinkt der Stimmenanteil der NSDAP auf 41,5%, SPD und KPD zusammen bringen es auf 19%, 22,4% entfallen auf die Vertreter der „gesunden Wirtschaft". Bei den beiden anderen Wahlen dieses 12. März 1933 lag die Anzahl der Wahlberechtigten jedoch noch um 400-500 höher[109] als der errechnete Schätzwert, bezogen auf diese Anzahl wäre der Anteil der NSDAP noch niedriger anzusetzen. Das Wahlergebnis der NSDAP fällt also insgesamt deutlich schlechter aus, als es die veröffentlichten Werte zunächst vermuten lassen. [110]

Im Bürgervorsteherkolleg, dem 23-köpfigen Stadtparlament, das sich gemäß dem Stimmenverhältnis zusammensetzte, [111] gingen 12 Sitze an die NSDAP (vorher 1 Sitz), 6 Sitze an die Vertreter der „gesunden Wirtschaft" (vorher 9) und 5 Sitze an die SPD (vorher 7 und 1 für die KPD). Wie von ihm erwartet, hatte Dr. Otto Pöppelmann für die NSDAP also im Stadtparlament die absolute Mehrheit errungen.[112] Die „AZ" wies auf die Verantwortung hin, die mit dieser Machtstellung verbunden sei und hoffte auf die Bereitschaft zur Zusammenarbeit auch der neuen Männer im Interesse der Stadt.[113] In diesem Sinne äußerte sich auch Bürgermeister Farina bei der Amtseinführung der neuen Bürgervorsteher am 27. März 1933: „Strengste Unparteilichkeit, Sparsamkeit, Sauberkeit und Disziplin sind bei uns in Uelzen auf dem Rathause

---

[108] Niemann, Bd. 1, S. 470, AZ 13.3.1933 „Das neue Stadtparlament".
[109] Die „Stimmscheine" können die Diskrepanz nicht erklären. Wer sich vor der Wahl einen Stimmschein ausstellen ließ, konnte in einem anderen Wahlbezirk abstimmen; die Zahl der Berechtigten reduzierte sich um solche Wähler. Wer bei der Wahl dann in Uelzen mit einer Stimmkarte abstimmte, wurde zu den Wahlberechtigten hinzugerechnet, das war u.a. bei den Patienten im Krankenhaus der Fall. Die Größenordnung lag bei etwa 60-80 Stimmen.
[110] Vgl. Egge, Reimer: Bürgermeister – Stadtdirektoren – Ehrenbürger, Uelzen 2013, S.37 f.: „Mehr als die Hälfte der wahlberechtigten Uelzener Bürger hatten der NSDAP ihre Stimme gegeben."
[111] Die 242 Stimmen für die KPD waren gemäß Brandverordnung annulliert worden; sie wären bei der Sitzvergabe ohnehin unberücksichtigt geblieben.
[112] Niemann, Bd. 1, S. 461, 484-486.
[113] Niemann, Bd. 1, S. 470.

schon immer oberster Richtsatz gewesen." Die Wahl des „Wortführers" [Sprechers] wurde vom Alterspräsidenten Rektor i.R. Meyerholz[114] geleitet, der eingangs hervorhob, dass in den vergangenen 16 Jahren „auch in politisch erregtester Zeit auf dem Rathaus niemals Ungehörigkeiten vorgekommen" seien: „Nicht ein einziges Mal habe sich ein Ordnungsruf als nötig erwiesen. Unbeschadet aller sachlichen und politischen Meinungsverschiedenheiten seien die Verhandlungen immer auf der Grundlage gegenseitiger Achtung und Wertschätzung geführt worden." Pöppelmann schlug im weiteren Verlauf den Bürgervorsteher Nagorski als Wortführer des Hauses vor, der gegen die Stimmen der SPD gewählt wurde. Der Handlungsgehilfe – kaufmännische Angestellte – Paul Nagorski[115] war Kreisleiter der NSBO, der „SA in den Betrieben", und zeitweise Pöppelmanns Stellvertreter als Ortsgruppenleiter.

Die NSDAP.-Fraktion des Uelzener Bürgervorsteherkollegs

Von links nach rechts, sitzend: Töpfermeister Meyer, Wortführer Nagorski, Studienrat Dr. Pöppelmann, Kaufmann W. Kliefoth, Eisenbahner K. Just; stehend: Friseur Fricke, Pferdehändler Fischer, Steuersekretär Sölter, Mittelschullehrer von der Ohe, Kaufmann Karl Meyer, Lehrer Gaafte, Dr. Sievers, Ingenieur Walter Henke, Dipl.-Kaufmann E. Schulz.
(Fischer und Schulz sind Ersatzleute)

Photo Jacoby

---

114 Nanninga, Ungeist, S. 32, Anm. 2.
115 Bundesarchiv NSDAP-Gaukartei R 9361-IX Kartei/30061012: Paul Nagorski, geb. 22.1.1902 in Mannheim; Werksleiter. Einer der sehr aktiven Nationalsozialisten in Stadt und Kreis Uelzen, u.a. als Kreisleiter der NSBO (NS-Betriebszellenorganisation). Er wohnte in

In seiner Antrittsrede als Wortführer attackierte Nagorski KPD und SPD scharf und setzte damit den neuen Ton im Uelzener Stadtparlament: Alle müssten dazu beitragen, die seelische Erneuerung des deutschen Volkes durchzuführen. Erst kürzlich hätten sich 3.000 Wähler im Kreise Uelzen zu einer marxistischen Weltanschauung bekannt, deren Schlussfolgerungen Deutschlands absolute Vernichtung bedeuteten; heute könne man den Kampf aufnehmen gegen SPD und KPD mit dem letzten Ziel der Vernichtung dieser Organisationen. „Solange Männer in den braunen Hemden in den Parlamenten sitzen, solange SA und SS auf der Straße marschieren, [kann] der Bolschewismus nicht kommen."[116] Nach dieser Rede wurde stehend das Horst-Wessel-Lied gesungen, nur die Angehörigen der SPD-Fraktion erhoben sich nicht.

Am 11. April 1933 wurden in der zweiten Sitzung der Bürgervorsteher die Senatoren bestimmt und die Ausschüsse gewählt. Vor Eintritt in die Tagesordnung kam Nagorski noch einmal auf das Ende der ersten Sitzung zurück: Es würde nicht geduldet werden, dass einzelne Mitglieder des Kollegiums beim Gesang des Horst-Wessel-Liedes sitzen blieben, diese würden zukünftig entfernt werden. Der Druck auf die SPD-Bürgervorsteher blieb also hoch.[117] Zunächst wurden dann die Senatoren gewählt, die zusammen mit Bürgermeister Farina den Magistrat – die Stadtregierung – bildeten: Außer Pöppelmann waren dies noch zwei Nationalsozialisten und ein Vertreter der „gesunden Wirtschaft"; die SPD hatte auf einen eigenen Kandidaten verzichtet – sie hatte offensichtlich resigniert. Bei der Besetzung der Ausschüsse wurden SPD-Bürgervorsteher zwar noch berücksichtigt, ob sie in den Ausschüssen verbleiben könnten, würde später entschieden werden.

Die vier Anträge, die Pöppelmann für seine Fraktion einbrachte und begründete, wurden fast widerstandslos verabschiedet. Es ging darum, die bisherige Veerßer/Lüneburger Straße in Adolf-Hitler-Straße umzubenennen und die Bestände der Volksbücherei von allen „dem sittlichen und politischen Empfinden der großen Mehrheit des deutschen Volkes nicht entsprechenden Büchern, Zeitschriften usw." zu befreien. Sodann wurde der Magistrat beauftragt, „sofort festzustellen, welche städtischen Beamten aufgrund des Gesetzes vom 8. April

---

Veerßen/Uelzen, zog 1936 nach Harburg und später nach Dannenberg. Eintritt in die NSDAP: 1.10.1931 (Mitgliedsnummer 638.419).
[116] Niemann, Bd. 1, S. 482 f.; dort auch das Gruppenfoto der NSDAP-Fraktion.
[117] Egge, Reimer: Emil Seidenschnur, in: Der Heidewanderer, Nr. 17 (24.4.2004), S. 65-67; Nr. 18 (1.5.2004), S. 68-71.

zur Wiederherstellung des Berufsbeamtentums aus den Ämtern zu entfernen sind"; solche Stellen sollten als Sparmaßnahme unbesetzt bleiben. Ein solcher Beschluss setzte insbesondere die Lehrer unter Druck.

Der vierte Antrag der NSDAP betraf die städtischen Angestellten. Es sollte ein Sonderausschuss bestehend aus dem Magistrat und drei Bürgervorstehern [gewählt: Nagorski, Fischer und Hans Dohrendorff, Rechtsanwalt und Notar[118]] gebildet werden, der „denjenigen städtischen Angestellten, die marxistischen Organisationen angehören, angehört haben und für diese aktiv sich betätigt haben, ferner denjenigen städtischen Angestellten, welche sonst in irgendeiner Hinsicht als sachlich ungeeignet für den von ihnen versehenen Dienst erscheinen, unverzüglich zu kündigen, sobald entweder deren Betätigung für oder Zugehörigkeit zu marxistischen Organisationen oder mangelnde Eignung dem Ausschuß glaubhaft nachgewiesen werden." Es ging also auch in Uelzen[119] um die politische Säuberung der städtischen Verwaltung durch einen Ausschuss mit investigativen, richterlichen und exekutiven Befugnissen: ein eklatanter Verfassungsverstoß.[120] Ferner sollten sämtliche Disziplinarverfahren der letzten 14 Jahre noch einmal überprüft werden, ebenso die Ausgaben für Dienstreisen etc.; das „Doppelverdienertum" sollte ausgemerzt werden. Mit der Verabschiedung dieser Anträge war unter Pöppelmanns Führung die Machtübernahme der NSDAP in Uelzen abgeschlossen; er hatte sich in seinem Amt als Ortsgruppenleiter bewährt.

Am Ende der Sitzung mahnte Nagorski die Vertreter der SPD dringend, dafür zu sorgen, „daß die Hetzereien in der Stadt und in den Betrieben aufhören, da man sonst gezwungen sei, schärfere Maßnahmen, nötigenfalls die der Verschickung in ein Konzentrationslager, ergreifen zu müssen." Auf Einwände der SPD-Vertreter Kern und Seidenschnur wurde ihnen das Wort entzogen.[121] Nagorskis Drohungen waren durchaus ernst gemeint, Emil Seidenschnur wurde

---

[118] Spitzenkandidat der Liste „Gesunde Wirtschaft"; vgl. Niemann, Bd. 2, S. 397 u. 492: sein Sohn Ernst-August war Pressewart der HJ-Uelzen und gehörte zu den Teilnehmern am Reichsparteitag im Juni 1934.
[119] Vgl. ganz ähnliche Vorgänge in Nienburg: Nanninga, Ungeist, S. 18 – 21.
[120] Art. 102 u. 105 Weimarer Verfassung.
[121] Niemann, Bd. 1, S. 490f. Senatorenwahl in Uelzen, AZ 12. April 1933.

am 22. Mai 1933 verhaftet[122] und am 31. Mai 1933 in das KZ Moringen überstellt.[123] „Ehe Seidenschnur nicht aus Uelzen verschwindet", so hatte Nagorski
an Bürgermeister Farina geschrieben, „bekommen wir keine Ruhe und unsere
Aufbauarbeit wird zerstört."[124]

Es wäre für die NSDAP ein Leichtes gewesen, auch den Bürgermeister in
die Säuberungen einzubeziehen; das Gesetz zur Wiederherstellung des Berufsbeamtentums hätte Handhaben geboten; Untersuchungen wegen angeblicher
Unregelmäßigkeiten in der Amtsführung waren ein probates Mittel, politische
Gegner kaltzustellen; auch offenkundige Nötigung wie im Falle des Nienburger
Bürgermeisters Jürgens (SPD)[125] wäre denkbar. Farina aber blieb unangefoch-
ten im Amt; er wurde nicht nur als Verwaltungsfachmann und reichstreuer Beamter geschätzt,[126] sondern war in jenen Tagen offenbar auch zur NSDAP über-
gewechselt und wurde am 1. Mai 1933 in die Partei aufgenommen.[127] Das neue
Gemeindeverfassungsgesetz, das am 1. Januar 1934 in Kraft trat und die bisherige demokratische Gemeindeordnung ersetzte, beruhte auf dem Führerprinzip:
Der Bürgermeister und die Stadträte/Gemeinderäte wurden durch den Regierungspräsidenten auf 6 bzw. 12 Jahre ernannt.[128] Die Stellung des Bürgermeisters erfuhr dabei noch eine Aufwertung dadurch, dass er die „Oberste Polizei-
behörde" in der Stadt wurde.[129] Durch seine Tätigkeit in den folgenden Jahren
habe sich Farina, wie Regierungspräsident Matthaei 1938 betonte, „das volle
Vertrauen des Gauleiters erworben."[130]

---

[122] Egge, Seidenschnur, HW 18, S. 67f.
[123] Egge, Bürgermeister, S. 37.
[124] Egge, Seidenschnur, S. 70.
[125] Nanninga, Ungeist, S. 20 f.
[126] Niemann, Eckehard: Nationalsozialismus im Kreis Uelzen, Bd. 2: 1933 – 1939, Varendorf
2016, S. 728.
[127] https://www.hansestadt-uelzen.de/textonly/stadt-verwaltung/archiv-aktuell/Aus dem Archiv: Johann Maria Farina wurde im Mai 1913 Bürgermeister der Stadt Uelzen. Vgl. auch
Niemann, Bd. 2, S.78f.
[128] Niemann, Bd. 2, S. 389. Es waren dies 1. Kaufmann Wilhelm Kliefoth, 2. Eisenbahner
Kurt Just, 3. Schornsteinfegermeister August Artelt und 4. Dipl. Kaufmann Erwin Schulz. Als
„angeborene" Ratsherren kamen jeweils der Ortsgruppenleiter der NSDAP und der höchste
SA/SS-Führer hinzu – also Pöppelmann und Sturmbannführer Adolf Düver. Diese Gemeindeordnung vom 15.12.1933 verlor durch die Gleichschaltung der Länder ihre Grundlage und
wurde durch ein einheitliches Gemeindeverfassungsgesetz v. 30. Januar 1935 ersetzt.
[129] Egge, Bürgermeister, S. 37.
[130] Niemann, Bd. 2, S. 728.

Als Ortsgruppenleiter hatte Dr. Otto Pöppelmann einen wesentlichen Beitrag dazu geleistet, die NSDAP in Uelzen an die Macht zu bringen und ihre Herrschaft abzusichern. Ihm unterstanden aber in der Folge nicht nur die Uelzener Parteimitglieder, vielmehr war er für die Belange der gesamten Bevölkerung der Stadt verantwortlich, sollte die Menschen überwachen und nationalsozialistisch ausrichten.[131] Zu seinen Aufgaben gehörte auch die Kontrolle der staatlichen Verwaltung. Pöppelmann selbst war ja seit März 1933 als Senator unmittelbar an der Regierung der Stadt beteiligt und konnte so den Bürgermeister „beraten"; in den verschiedenen städtischen Gremien dominierten Parteimitglieder, die ihrerseits dem Ortsgruppenleiter unterstanden, gemäß den Mehrheitsverhältnissen unter den Bürgervorstehern. Diese außerordentliche Machtstellung des Ortsgruppenleiters, den seinerseits der Kreisleiter kontrollierte, wurde durch die folgenden Gemeindeordnungen noch institutionell abgesichert und bildete eine wichtige Grundlage des NS-Herrschaftssystems.

Um das Verbot des Tannenbergbundes

Auch mit der „Rechtsopposition" hatte sich die NSDAP in Uelzen auseinanderzusetzen. Der „Tannenbergbund – Arbeitsgemeinschaft völkischer Frontkrieger und Jugendverbände" war 1925 angetreten als Sammelbewegung rechter Wehrverbände und völkischer Vereine mit Ludendorff als Leitfigur[132] und stand in strikter Gegnerschaft zu Hitler, zur NSDAP und zur SA.[133] Bis 1933 war der Bund zugunsten der NSDAP bis zur Bedeutungslosigkeit geschrumpft, in Uelzen allerdings arbeitete eine Zelle unter dem Vorsitz des Geometers Johann Tjardes[134] aktiv weiter; der Tannenbergbund betrieb in der Gudestraße 54 – im Haus des Glasermeisters Tiedemann, Erdgeschoss – eine Geschäftsstelle sowie einen Buchladen und hielt immer wieder öffentliche Informationsveranstaltungen ab.

Für den 8. Februar 1933 hatte der TB zu einem Vortrag über die Erwartungen an die neue Regierung Hitler-Papen geladen; die Veranstaltung war ordnungsgemäß angemeldet und genehmigt worden und fand unter dem Schutz

---

[131] https://de.wikipedia.org/wiki/Struktur_der_NSDAP.

[132] Niemann, Bd. 1, S.55f.; Ludendorff war 1930 in Uelzen zu einer Werbeveranstaltung. Vgl. auch: Egge, Reimer: Der Tannenberg-Bund e.V. Wegbereiter und Opfer des Nationalsozialismus, HW 79 (2003), Nr. 26, S. 101–102; Nr. 27, S. 105–107; Nr. 28, S. 109–111.

[133] https://de.wikipedia.org/wiki/Tannenbergbund.

[134] Johann Tjardes (19.9.1884 Wallum – 24.2.1966), seit 1919 in Uelzen, Landmesser und Kulturingenieur.

mehrerer Polizisten statt. Wie Polizeiobermeister Fehlhaber berichtete, hatten „vor der Versammlung zwei Herren der NSDAP – darunter wohl Pöppelmann – [ihm] die Versicherung [gegeben], daß seitens [der] Mitglieder der NSDAP gegen die Versammlung nichts unternommen würde, falls Redner sich nicht in irgend einer Weise in seiner Rede vergehe." Das sei nicht geschehen.[135] Nach dem Zeugnis von Polizeihauptwachtmeister Brunzendorf hätten sich unter den 450 Teilnehmern „ca. 50-60 Nationalsozialisten [befunden], meist jüngere Leute im Alter von 16 bis 25 Jahren."[136] Zu Beginn hatte Versammlungsleiter Tjardes angekündigt, dass jeder Störer aus dem Versammlungsraum entfernt werde; schon bei dieser Ankündigung hätten die anwesenden Parteimitglieder mit Rufen und Klatschen reagiert, so dass gleich ein NSDAP-Mann aus dem Raum verwiesen worden sei. Während des Vortrags sei es weiter zu Störungen gekommen, darauf seien alle Angehörigen der NSDAP zum Gehen aufgefordert worden. Da einige dieser Aufforderung nicht nachgekommen seien, habe die Polizei eingreifen müssen. Danach sei die Versammlung in Ruhe durchgeführt worden. Fehlhaber[137] ergänzte diese Darstellung noch in einigen Punkten. Nach seinem Eindruck sei es zu den Störungen gekommen, weil der SA-Standartenführer Herwig[138] wegen angeblichen Störens von der Versammlung ausgeschlossen worden sei und man dem Kreisleiter der NSDAP Brändel[139] den Zutritt verwehrt habe, nachdem der zuvor Versammlungen des Tannenbergbundes in Bevensen und Himbergen durch seine Leute habe stören lassen. Brändel und Herwig hätten dann die Versammlungsleitung kritisiert und ihr

---

[135] StA Uelzen IV C Fach Nr. 166, lfd. Nr. 14 Tannenbergbund: Ergänzung des Polizeiobermeisters Fehlhaber, 9.2.1933.

[136] Akte Tannenbergbund, Meldung vom 9.2.1933 auch für das Folgende.

[137] Hermann Fehlhaber (geb. 16.9.1879 in Bodenteich; seit 2.3.1908 Polizist in Uelzen); Niemann, Bd. 1, S. 415; Bd. 2, S.673 Foto Mitte; S. 688: Für seinen Mut in der sog. „Möbelwagenschlacht" (Wahlkampf Sept. 1930) erhielt Fehlhaber von der SA den Ehrennamen „Hermann der Gerechte".

[138] https://de.wikipedia.org/wiki/Adalbert_Herwig: Hans Adalbert Herwig (5.4.1901 – 17.6.1961) kämpfte 1919 – 1921 in Freicorps gegen Frankreich (Rheinland) und Polen (Oberschlesien) und gehörte danach verschiedenen Wehrsportgruppen an. Beruflich zunächst „in der Holzbranche", ab 1927 Landarbeiter. Parteimitglied seit 1.8.1929; Eintritt in die SA-Bevensen 1.5.1930, ab September 1930 bereits Sturmführer („Sturmführer Zackig"); 8.4.1931 Standartenführer; 20.4.1935 Brigadeführer. Ab März 1933 MdR. Niemann, Bd. 1, S. 402; Bd. 2, S. 274, 277, 288, 329ff., 434, 504, 604.

[139] Niemann, Bd. 2, S. 74f.; Reimer Egge: Die Kreisleiter der NSDAP in Uelzen, HW 4 (24.1.2004) u. 5 (31.1.2004).

Eintrittsgeld zurückgefordert und schließlich den Polizisten mit Beschwerde beim Innenminister gedroht. Insbesondere hätten sie sich über das harte Vorgehen gegen Mitglieder der NSDAP beklagt, von denen etliche energisch zurückgewiesen wurden, als sie wieder in den Saal drängten, um ihr Eintrittsgeld zurückzufordern. Kreisleiter Brändel, SA-Standartenführer Herwig und etliche Mitglieder der HJ hatten es anscheinend darauf angelegt, die Versammlung zu stören. Indem sie sich über die Zusicherungen der Ortsgruppenleitung hinwegsetzten, untergruben sie deren Autorität.

Für den 28. Februar 1933 war eine weitere Versammlung des Tannenbergbundes geplant. Standartenführer Herwig forderte Bürgermeister Farina am 22. Februar 1933 auf, diese Veranstaltung zu untersagen. Die Stimmung sei durch die letzte Versammlung dermaßen gereizt, dass es ihm nicht möglich sein werde, seine Männer zurückzuhalten; er habe durch sein persönliches Eintreten auf der letzten Versammlung Blutvergießen verhindert. „Die maßlose Hetze des Tannenbergbundes, die sich in Gottlosenpropaganda (sic! Und das seitens der SA!) äußert, hat zu einer unerhörten Verbitterung in der evangel. Bevölkerung geführt. Nach dem grundlegenden Systemwechsel in unserem Vaterlande ist die SA nicht mehr gewillt, Angriffe vom Tannenbergbund entgegenzunehmen, zumal der Tannenbergbund als ‚staatsfeindliche Organisation‘ gebrandmarkt werden muß".[140] Diese Formulierungen lassen keinen Raum für Zweifel, durch wen die öffentliche Ordnung bedroht war. Eine Entscheidung über ein Verbot ging in den Ereignissen dieser Tage unter: In der Nacht vom 27. auf den 28. Februar brannte der Reichstag; die Brandverordnung, der Wahlkampf und die Märzwahlen sowie das Ermächtigungsgesetz mit seinen Folgen veränderten die Machtverhältnisse auch in Uelzen.

Anfang Mai 1933 unternahm Ortsgruppenleiter Dr. Pöppelmann einen neuen Vorstoß in Sachen Tannenbergbund und stellte bei Bürgermeister Farina den Antrag auf polizeiliche Schließung der Buchhandlung des Tannenbergbundes und Beschlagnahme sämtlicher Druckschriften. Farina entzog sich der Machtprobe mit der Partei, indem er sich als oberste Polizeigewalt in Uelzen bei politischen Entscheidungen für unzuständig erklärte und den Antrag Pöppelmanns, den er selbst als „zweifelhaft" bezeichnete, dem Polizeipräsidenten (Staatspolizeistelle) in Harburg-Wilhelmsburg vorlegte; dieser reichte ihn zur

---

[140] Akte Tannenbergbund, Schreiben Herwigs an den Magistrat der Stadt Uelzen, z.Hd. Bürgermeister Farina, Bevensen 22.2.1933.

Entscheidung an den Regierungspräsidenten in Lüneburg zurück, von dem die Ortspolizeibehörde Uelzen über den Landrat in Kenntnis gesetzt wurde, dass „eine Schließung des Geschäfts und eine allgemeine Beschlagnahme des Inhalts" nicht in Frage komme; es solle geprüft werden, ob einzelne Druckschriften zu beschlagnahmen oder zu verbieten seien, von denen dann je ein Exemplar an den Regierungspräsidenten einzureichen wäre. Die Ortsgruppenleitung solle zusätzlich nach den Gründen für die Forderung nach Schließung und Beschlagnahme gefragt werden.[141] Pöppelmanns Begründungen scheinen aber sehr dürftig ausgefallen zu sein. Am 20. Mai teilte Oberwachtmeister Fehlhaber Pöppelmann die Entscheidung des Regierungspräsidenten mit und fragte noch einmal nach besonderen Gründen für die Verbotsforderung; Farina meldete dem Regierungspräsidenten darauf am selben Tag: „Besondere Gründe für die Schließung des Geschäfts kann der Ortsgruppenleiter der NSDAP nicht angeben." Da die Versammlungen des TB größtenteils von Kommunisten besucht würden und die Redner auf den Reichskanzler geschimpft haben sollen, habe sich ein gespanntes Verhältnis zwischen NSDAP und TB entwickelt, zu ernsthaften Zwischenfällen sei es aber nicht gekommen.[142] Die Ortsgruppenleitung der NSDAP – insbesondere Pöppelmann, der kurz darauf erkrankte – hatte also wiederum eine Niederlage erlitten, weil sie versäumt hatte, den Verbotsantrag überzeugend zu begründen – sie gab aber nicht auf.

Rechtsanwalt Dr. Krüger,[143] der stellvertretenden Ortsgruppenleiter, beantragte am 15. Juni 1933 bei Bürgermeister Farina, die für den kommenden Tag geplante öffentliche Versammlung des Tannenbergbundes zu verbieten. In der Bevölkerung der Stadt, insbesondere unter den Mitgliedern der NSDAP, herrsche großer Unmut darüber, dass die Versammlung überhaupt genehmigt worden sei; da der TB die NSDAP auf übelste Weise bekämpfe, werde die Stimmung noch angefacht; unter diesen Umständen sei „mit Unruhen vor dem Versammlungslokal [Stadt Hamburg] zu rechnen".[144] Am Nachmittag des 16. Juni habe Krüger „wohl nach Rücksprache mit dem Kreisleiter der NSDAP" seinen Verbotsantrag zurückgezogen, da der Bürgermeister ihn darüber informiert

---

[141] Akte Tannenbergbund, Staatspolizeistelle an den Regierungspräsidenten, 10.5.1933 etc.
[142] Akte Tannenbergbund, Bericht Fehlhabers an Farina, 20.5.1933; Bericht Farinas an den Regierungspräsidenten, 20.5.1933.
[143] Rechtsanwalt und Notar Dr. Wilhelm Krüger (geb. 1903) ist ansonsten nicht weiter hervorgetreten; vgl. Niemann, Bd. 1, S. 490: Ein Dr. Krüger wird in den Bauausschuss gewählt.
[144] Akte Tannenbergbund, Antrag Krügers an den Bürgermeister, 14.6.1933.

habe, dass wegen der laufenden Überprüfung des TB durch den Regierungspräsidenten keine Maßnahmen gegen den TB erwünscht seien. Krüger habe darauf betont, dass seitens der NSDAP nichts gegen diese Versammlung unternommen werde, außer die Mitglieder würden provoziert; er selbst werde anwesend sein und jeden Störer von seiner Seite aus dem Saal weisen.[145] An der Veranstaltung hätten etwa 300 Personen teilgenommen, zur Hälfte frühere Anhänger von SPD und KPD. Der Redner habe sich streng an alle Vorgaben gehalten; auch Krüger habe das bestätigt und den späteren Abbruch der Veranstaltung sehr bedauert. Unter den Parteimitgliedern und Teilen der Bevölkerung habe wegen früherer Vorkommnisse große Erregung geherrscht „Aus diesem Grunde war wohl auch von vornherein eine Auflösung der Versammlung unter diesen Gegnern geplant." Gleich zu Beginn hätten sich plötzlich 15-20 Jugendliche von 14-16 Jahren – offenbar HJ – im Vorsaal versammelt und „O, Tannenbaum! O, Tannenbaum!" gesungen; sie hätten das Haus verlassen müssen. Fünfzehn Minuten nach Schließung der Saaltüren hätten noch einige SS-Männer in Uniform Einlass begehrt, seien aber abgewiesen worden. „Auf der Straße hatte sich jedoch inzwischen nach und nach eine Menschenmenge angesammelt, die dann plötzlich etwa kurz nach 21½ Uhr auf 500 bis 600 Personen stieg, meistens wohl Angehörige der NSDAP. Etwa 21.40 Uhr fing diese Menschenmenge plötzlich wie auf Kommando unten auf der Straße an zu schreien ‚auflösen, auflösen, auflösen'." Da es Fehlhaber aussichtslos schien, die Menge zu beruhigen, habe er sich an den stellvertretenden Ortsgruppenleiter Krüger gewandt: „Dr. Krüger sah aus dem Fenster und fühlte sich angesichts der Lage auch nicht gewachsen, auf die Menge günstig einzuwirken." Da zu befürchten war, dass die erregte Menge die öffentliche Sicherheit gefährden könnte, habe er – Fehlhaber – die Versammlung aufgelöst. Abschließend drängte er die vorgesetzte Behörde auf eine klare Entscheidung: „Entweder darf der Tannenbergbund Versammlungen abhalten und dann müssen diese geschützt und die Störer zur Verantwortung gezogen werden. Oder die Versammlung wird verboten und […] nicht geduldet. Auf keinen Fall dürfen Angehörige der NSDAP, vielleicht auf Veranlassung von Unterführern oder auf eigene Faust, derartige Zwischenfälle in Szene setzen und wohlmöglich entgegen den Anordnungen der Führung

---

[145] Akte Tannenbergbund, Bericht Fehlhabers an den Regierungspräsidenten, den Polizeipräsidenten und den Landrat, 16.6.1933 auch für das Folgende.

und Leitung arbeiten. Rechtsanwalt Dr. Krüger als stellvertretender Ortsgruppenleiter brachte wiederholt seinen Unwillen über das Gebaren eines Teils seiner Parteimitglieder an diesem Abend besonders zum Ausdruck und wird dieses entsprechend in der Partei zur Sprache bringen."

Dr. Krüger hat diese Absicht anscheinend umgesetzt und in der Folge sein Amt als stellvertretender Ortsgruppenleiter zur Verfügung gestellt, denn er hatte sich völlig unglaubwürdig gemacht und obendrein durch seine Kritik der Partei geschadet. Drohende „Unruhen vor dem Versammlungslokal" hatte Krüger am 15. Juni zur Begründung seines Verbotsantrags angeführt, am Spätabend des 16. Juni kam es zu solchen Unruhen – Krüger dürfte demnach in die entsprechenden Planungen für die Organisation des Mobs eingeweiht gewesen sein. Seine Zusicherungen an die Ortspolizei waren für die übergeordnete Führungsebene oder Organisationen wie die SA nicht bindend; Kreisleiter Brändel, der auch in diesem Fall eingebunden war, nutzte solche Gelegenheiten, um seine Macht zu beweisen und die Ortsgruppenleiter vorzuführen, wie er das Anfang Februar auch mit Pöppelmann getan hatte.

Am 28. Juni 1933 gegen 21.45 Uhr versammelte sich vor dem Buchladen bzw. der Geschäftsstelle des Tannenbergbundes in der Gudestraße innerhalb sehr kurzer Zeit eine Menschenmenge von etwa 300 Personen, aus der heraus die Ladenfenster eingeschlagen und das Innere des Ladens verwüstet wurden; die Druckschriften landeten in der Ilmenau. Als die Polizei zum Tatort kam, war die Menschenmenge noch weiter angewachsen; es gelang nicht, Täter zu identifizieren oder Augenzeugen zu finden. In seiner Strafanzeige vom 28. Juni 1933 verwies Tjardes auf Gerüchte, „daß etwas von der NSDAP wegen der Geschäftsstelle des Tannenbergbundes unternommen werden sollte", weshalb die wertvolleren Bücher bereits aus dem Laden entfernt worden waren.[146] Und die Polizisten stimmten in ihren Meldungen darin überein, dass es sich bei dem Überfall um eine geplante Tat gehandelt habe, für die „Mitglieder der nationalen Front" verantwortlich seien, wie Fehlhaber vermutete. Die SS habe am fraglichen Abend Dienst gehabt, wobei ein Polizist anwesend gewesen sei; die SA habe dienstfrei gehabt, Sturmführer Erich Meyer wisse nichts von der Teilnahme seiner Männer; der stellvertretende Ortsgruppenleiter Nagorski versicherte später schriftlich, dass er „keine Anordnung und keine Organisation zur

---

[146] Akte Tannenbergbund, Strafanzeige des Johannes Tjardes, Uelzen 28.6.1933.

Erstürmung des Tannenbergladens vorgenommen" habe.[147] Fehlhaber folgerte also, dass die Täter von auswärts stammen müssten und im Schutz der Menge wieder verschwunden seien. „Um weiteres Unheil zu verhüten, sei es unbedingt erforderlich, den Tannenbergbund für den [Bezirk Uelzen] zu verbieten."[148]

Am 30. Juni 1933 beschloss das Bürgervorsteherkollegium der Stadt, das fest in der Hand der NSDAP war, bei der Ortspolizeibehörde einen Verbotsantrag gegen den Tannenbergbund zu stellen. Am 1. Juli verfügte Farina die Schließung des Ladens;[149] gleichzeitig reichte er den Verbotsantrag, den er nun befürwortete, an den Regierungspräsidenten weiter. Der Vorstand des Tannenbergbundes wurde für den 8. Juli 1933 vorgeladen. Farina eröffnete den Herren die Anordnung der Kreispolizeibehörde auf Verbot jeglicher politischen Betätigung zugunsten des Tannenbergbundes. „Für den Fall der Zuwiderhandlung wurde ihnen die Verhängung der Schutzhaft angedroht." Die Herren versprachen Wohlverhalten[150] und sie hielten sich an ihr Versprechen, wie aus den polizeilichen Monatsberichten hervorgeht.[151] Auf Anweisung der Staatspolizeistelle Harburg-Wilhelmsburg wurde am 23. September 1933 bei den drei Herren des Vorstands eine Haussuchung durchgeführt, bei der die Vereinskasse (Bestand 0,72 RM) beschlagnahmt wurde.[152]

Der NSDAP war es also schließlich gelungen, die staatlichen Behörden zum Verbot des Tannenbergbundes zu zwingen: Das offensichtliche Opfer der Angriffe wurde sanktioniert, weil es angeblich die öffentliche Sicherheit und Ordnung bedrohte, während die Täter unbehelligt blieben. Derartige Konflikte zwischen Partei und Staat wurden im Reichsinnenministerium mit großer Sorge verfolgt und der SA angelastet. In einem Rundschreiben des Innenministers im Auftrag Hitlers vom 6. Oktober 1933 wird gefordert, dass „die Übergriffe und

---

[147] Entnazifizierungsakte Gaafke, Schreiben Nagorskis an Gaafke, Uelzen, d. 3.7.1933.

[148] Akte Tannenbergbund, Meldungen der Hauptwachtmeister Klatt und Rettmann sowie des Oberwachtmeisters Fehlhaber, 29.6.1933.

[149] Akte Tannenbergbund, Der Bürgermeister als Ortspolizeibehörde an den Tannenbergbund, Uelzen, 1.7.1933.

[150] Akte Tannenbergbund, Gesprächsprotokoll, 8. Juli 1933.

[151] StA Uelzen IV A Berichterstattung über die politische Lage 1933-37, Fach 154, Nr. 24: Berichte v. 2.1.1934, 27.9.1934, 23.5.1935 (Veranstaltung des Ludendorff-Verlags); 23.1.1936.

[152] Akte Tannenbergbund, Meldung der Hauptwachtmeister Kacsmarek und Brunzendorf, Uelzen 23.9.1933. - Die weiteren Ermittlungen wurden von der Oberstaatsanwaltschaft Lüneburg geführt.

Ausschreitungen" der SA nunmehr endgültig aufhören müssten. „Auch sonst darf der Dienst der nationalsozialistischen Staatsverwaltung und der polizeilichen Exekutive durch unzulässige Eingriffe der SA in keiner Weise mehr gestört werden. Derartigen Eingriffen dürfen sich die Behörden nicht beugen. Strafbare Handlungen von Mitgliedern der SA sind nachdrücklich zu verfolgen."[153] Anweisungen dieser Art an die Behörden mussten allerdings vergeblich bleiben, wenn die SA, wie in den Aktionen gegen den Tannenbergbund, im Einklang mit höheren Parteifunktionären handelte.

Folgt man der Argumentation von Oberwachtmeister Fehlhaber, dass Täter von außen für die Verwüstung des Tannenbergladens verantwortlich sein müssen, so deuten die Indizien auf Kreisleiter Brändel als Drahtzieher: Er war über alle Aktionen gegen den Tannenbergbund informiert und teilweise auch direkt involviert, wobei ihm SA und HJ zur Seite gestanden hatten. Vermutlich waren Mitglieder der SA auch an dem Sturm auf den Laden beteiligt; das Alibi, das der Gruppenführer ihnen bot, belegt letztlich nur den Corpsgeist der SA. Kreisleiter Brändel konnte in dem Kampf gegen die Rechtsopposition gegenüber den „Intellektuellen" Dr. Pöppelmann und Dr. Krüger sein überlegenes Führertum demonstrieren, er galt als einer jener „Nazis, die im sicheren Gefühl ihrer Macht hemmungslos wurden."[154]

Dr. Pöppelmann war etwa seit Anfang Juni 1933 krank,[155] bei der Mitgliederversammlung der Partei Mitte September 1933 fehlte er noch immer; die Versammlung wurde geleitet durch den kommissarischen Ortsgruppenleiter Nagorski, der für die Zukunft interessantere Schulungsabende versprach, also mit längerer Tätigkeit rechnete.[156] Trotz seiner Erkrankung dürfte Pöppelmann die Ereignisse aus der Distanz sehr aufmerksam verfolgt und richtungsweisende Entscheidungen für seine Zukunft getroffen haben.

---

[153] StA Uelzen IV C Presse und Vereinswesen, Fach 164, Nr. 9 Rundschreiben des Reichsinnenministers, 6.10.1933
[154] Niemann, Bd. 2, S.75.
[155] Niemann, Bd. 2, S. 177, Bericht über die Mitgliederversammlung der NSDAP von Anfang Juli 1933: „Da der Ortsgruppenleiter erkrankt ist und der stellvertretende Ortsgruppenleiter [Dr. Krüger] wegen anderer Verpflichtungen seinen Posten zur Verfügung gestellt hat," ist Nagorski zum kommissarischen stellvertretenden Ortsgruppenleiter ernannt worden.
[156] Niemann, Bd. 2, S.306, 17.9.1933.

Ende Oktober nahm Dr. Pöppelmann den Dienst wieder auf und eröffnete mit einer großen öffentlichen Kundgebung den Wahlkampf für die Reichstagswahl am 12. November 1933, die mit einer Volksabstimmung über den deutschen Austritt aus dem Völkerbund und der Genfer Abrüstungskonferenz verbunden war. Bis zum Wahltag folgten danach noch weitere Werbeveranstaltungen im Namen Pöppelmanns, auch rief er Erwachsene und Kollegen mit ihren Schulklassen (Unterricht darf ausfallen!) zur Teilnahme an Propagandafilmen auf und erinnerte die Parteigenossen an ihre Wahlpflicht. Die Abschlussveranstaltung in der Stadthalle und in „Drei Linden" am 9. November 1933 wurde in der „Allgemeinen Zeitung" zur „letzten Mahnung zum 12. November" stilisiert, mitten in diesem Artikel der folgende Aufruf: **„Noch niemals ward dem deutschen Volke Gelegenheit gegeben, an einer außenpolitischen Entscheidung von ungeheurer Tragweite durch seine Stimme mitzuwirken. Drum bedenke, was Du tust, ehe Du zur Wahl schreitest, deutscher Volksgenosse! Denn Du stimmst zugleich ab über Dein und Deiner Kinder Schicksal. Auch Dein „Ja" braucht der Führer, um Deutschland aus Not und Schande zu erlösen. Pöppelmann, Ortsgruppenleiter."**[157] Die „Mitwirkung" der Wähler war offensichtlich bedeutungslos, nachdem Hitler den Austritt aus dem Völkerbund bereits am 14. Oktober 1933 erklärt hatte; die überzogen dramatisierenden Formulierungen waren reine Propaganda. Auch bei der Reichstagswahl konnten die Wähler lediglich für oder gegen eine vorgegebene Einheitsliste stimmen. Wer seinen Wahlzettel ungültig machte oder „nein" ankreuzte, gab bei dieser Volksabstimmung und dieser Reichstagswahl seiner Ablehnung gegenüber dem Nationalsozialismus Ausdruck: Bei beiden Abstimmungen waren das immerhin ca. 7,5% der Stimmberechtigten, mit deutlicher Häufung in den traditionellen Hochburgen der SPD.[158]

Rücktritt als Ortsgruppenleiter und Schulleiter in Emden

Pöppelmanns Tätigkeit in der Ortsgruppe Uelzen[159] hatte ihn scheinbar für einen weiteren Karriereschritt qualifiziert. Am 26. Februar 1934 meldete die

---

[157] Niemann, Bd. 2, S.357, AZ 10.11.1933. Aus heutiger Sicht handelte es sich tatsächlich um eine Entscheidung über „Dein und Deiner Kinder Schicksal", nur eben ganz anders, als Pöppelmann sich das vorgestellt hatte.

[158] StA Uelzen IV A Fach Nr. 4, lfd. Nr. 8 Wahlen zum Reichstag 12.11.1933: Wahlbeteiligung 96,4%, für die Einheitsliste 89,1%; Plebiszit: Beteiligung 97,5%, Ja 89,9%.

[159] Vgl. Niemann, Bd. 2, S. 419f. Bericht über den Prozess gegen R. Göddecke wegen Beleidigung Telschows und Pöppelmanns.

„AZ": „Wechsel in der Leitung der Ortsgruppe Uelzen der NSDAP. Der bisherige Ortsgruppenleiter Dr. Pöppelmann ist auf eigenen Wunsch von seinem Amte zurückgetreten."[160] Während der folgenden Mitgliederversammlung der NSDAP am 6. März 1934 bestätigte Kreisleiter Brändel[161] den Rücktritt; Pöppelmann führte dazu aus, „Es sei ihm seit längerer Zeit bekannt, daß er einen neuen, verantwortungsreicheren Posten zu übernehmen habe und daß seine Einberufung in dieses neue Amt unter Umständen sehr schnell erfolgen könne."[162] In seinem Lebenslauf, den er 1950[163] zu den Akten gab, heißt es dagegen, „Amtsniederlegung wegen Differenzen mit den sog. ‚alten PG'". Als Vorbereitung auf sein Entnazifizierungsverfahren[164] versuchte er offenbar mit dieser Formulierung seine Distanz zur NSDAP zu betonen. Seine Erklärung erscheint für sich genommen jedoch plausibel: Angesichts seiner steilen, von höherer Stelle gelenkten Karriere war ihm der Neid der „alten Garde" sicher; zu den Parteigenossen, die sich übergangen fühlen konnten, gehörte vermutlich Ludwig Gaafke,[165] an erster Stelle aber sicherlich Kreisleiter Brändel, der, wie oben dargelegt, die Akademiker in Sachen Tannenbergbund regelrecht vorgeführt hatte. Die Aussicht auf einen „verantwortungsreicheren Posten" – eine bewusst vage gehaltene Formel – dürfte Pöppelmann den willkommenen Grund zum Rücktritt geboten haben. Seine Formulierung, „es sei ihm schon seit längerer Zeit bekannt", lässt auf längerfristige Absprachen im Hintergrund schließen.

Als die Schulverwaltung Ende 1951 zu entscheiden hatte, ob Pöppelmann die volle Pension als Oberstudiendirektor zustehe, zog sie auch bei seiner alten Schule in Uelzen Erkundigungen ein. Dr. Hövermann,[166] der damalige Schulleiter, berief sich in seinem vertraulichen Bericht auf die einschlägigen Schulakten und Aussagen von Kollegen. Danach sei Pöppelmann am 30. September

---

[160] Niemann, Bd. 2, S. 421 Uelzen, den 26. Februar 1934.

[161] Ernst Brändel (1883 – 1947), Werbefachmann, Bevensen; Niemann, Bd. 2, S. 74 f.

[162] Niemann, Bd. 2, S. 418 Führerwechsel in der Ortsgruppe Uelzen der NSDAP, AZ 7.3.1934.

[163] Personalakte Pöppelmann Bl. 16.

[164] In Hessen war das Spruchkammerverfahren gegen ihn Ende 1949 eingestellt worden; da er aber Pensionsansprüche in Niedersachsen geltend machte, musste er sich nach den dortigen Regeln einem Kategorisierungsverfahren unterziehen.

[165] Siehe oben, S. 20ff.

[166] Dr. Georg Hövermann (1887 – 1975), 1945 – 1952 Direktor der Oberschule für Jungen, Uelzen.

1924[167] als Studienrat fest eingestellt worden. „Er erreichte eine bevorzugte Be-rücksichtigung als angeblicher Ostvertriebener." „Sein starker aktiver Einsatz für die NSDAP trat gleich zu Beginn der Machtergreifung hervor. Er war der erste aus dem Lehrerkollegium, der in die Partei eintrat. Er wurde dann sehr bald Ortsgruppenleiter für die Stadt Uelzen und trat als solcher auch an die Öf-fentlichkeit." Aus den Akten gehe nicht direkt hervor, ob seine Beförderung zum Oberstudiendirektor seiner Verbindung zur NSDAP geschuldet war; Kol-legen, die Pöppelmann näher kannten, und auch Hövermann selbst seien aber dieser Auffassung. „Der damalige Regierungsdirektor Pusch[168] in Hannover nämlich war ein sehr bekannter Nationalsozialist und altes Mitglied der Partei, der bekanntermaßen aus diesem Grunde in seine bedeutungsvolle Stellung ge-langte. Wir haben das Gefühl, daß die Freundschaft dieses Mannes für P. aus-schlaggebend war. Kurz vor seiner Beförderung wurde er hier in Uelzen von Pusch ziemlich flüchtig anhospitiert, und dann erfolgte ganz unvermittelt seine Ernennung zum kommissarischen Leiter in Emden. Aus einem hier befindli-chen Brief vom 20.7.1924[169] geht hervor, daß er – wahrscheinlich auch von Pusch – zum offiziellen Hilfsarbeiter des Kommissars für Neuordnung des Schulwesens in der Provinz Hannover ernannt werden sollte. Für einen solchen Posten konnte der damaligen Zeit entsprechend auch nur ein überzeugter und aktiver Nationalsozialist in Frage kommen. Herr Pöppelmann ist nach unserem Urteil bestimmt ein fähiger, wissensreicher Kopf und eine energische Persön-lichkeit, aber sein rascher, unvermittelter Aufstieg zum Oberstudiendirektor in Emden hängt bestimmt mit seiner frühzeitigen und aktiven Tätigkeit zur Partei zusammen."[170] Die Mitarbeit an der Neuordnung des Schulwesens hätte ihm vermutlich den Aufstieg zum Oberschulrat ermöglicht, Pöppelmann entschied sich aber für die Aufgabe als Schulleiter am Wilhelmsgymnasium in Emden, dem er vom 1. Juni 1934 bis 1945 vorstand.

Die Quellenlage für diese Jahre ist allerdings äußerst schlecht, da sowohl Pöppelmanns Personalakte in Hannover bis auf geringe Reste durch einen

---

[167] Steinmeyer, Rudolf: Die Chronik der Herzog-Ernst-Schule, Uelzen 1964, S. 226: Ostern 1922.
[168] NLA HA Hann. 122a Nr.872/2, Dr. Arthur Friedrich Pusch, geb. 21.12.1883, Regierungs-direktor beim Oberpräsidium, Abt. Höheres Schulwesen, seit Juli 1933.
[169] Offenbar ist 1934 gemeint.
[170] Personalakte Pöppelmann, Dr. Hövermann an Schulverwaltung, Uelzen 19.10.1951.

Brand vernichtet worden war als auch das Kommunalarchiv und das Parteiarchiv in Emden den Bombenkrieg nicht überstanden hatten.[171] Pöppelmanns eigene Angaben, die er 1950/51 für sein Kategorisierungsverfahren zu den Akten gegeben hatte, bilden also die wichtigste, wenn auch unsichere Quellengrundlage.

Die Schulverwaltung hatte 1951 auch an Pöppelmanns Emdener Schule Informationen über dessen Verhältnis zur NSDAP einzuholen versucht. Dr. Brose, der aktuelle Leiter der Städtischen Oberschule für Jungen, vormals Staatliches Wilhelmsgymnasium[172] in Emden, betonte, dass er Pöppelmann nicht gekannt habe; aus der damaligen Zeit seien nur noch zwei Kollegen übrig, der eine „lehne eine Auskunft dieser Art" über Dr. Pöppelmann ab, der andere, Studienrat Becker, könne die spezielle Frage nicht beantworten. Dr. Brose selbst könne es mit seinem Gewissen nicht vereinbaren, Erkundigungen außerhalb des Kollegenkreises über Pöppelmann einzuziehen.[173] Becker stellte seinem ehemaligen Schulleiter darüber hinaus ein positives Leumundszeugnis aus: „Dr. Pöppelmann [sei] im Grunde seines Wesens ein anständiger Mensch, der – trotz seiner Mitgliedschaft in der NSDAP – es niemals versucht habe, einen politisch Andersdenkenden beruflich zu schädigen oder gar aus dem Amt zu bringen. Seine Eingenommenheit für die Partei sei später sehr abgeflaut und er sei wohl froh gewesen, daß er im Sommer 41 zum Heeresdienst eingezogen worden sei. Die unglücklichen häuslichen Verhältnisse des Dr. Pöppelmann (seelische Krankheit der Frau) und seine Internierungszeit in Rußland während des ersten Weltkrieges erklärten vielleicht seine gewisse Verbitterung und leichte Aufgebrachtheit." Es entsteht hier das Bild eines ungeduldigen, reizbaren Vorgesetzten, dem formelhaft[174] nichts Schlechtes unterstellt wird. Beckers Hinweis auf die Verschlechterung des Verhältnisses zur Partei und darauf, dass Pöppelmann froh gewesen sei über seine Einziehung zum Wehrdienst, bestätigt dessen Darstellung, dass er „sein Amt als Ortsgruppenleiter in Emden wegen Differenzen mit der Partei 1938 oder 1939 niedergelegt" habe, nachdem er offen Stellung genommen hatte gegen Korruption, die HJ, den NSLB, gegen die Herabwürdigung der Kultur und des Wissens durch Parteimitglieder usw. Nach

---

[171] Mitteilung des Stadtarchivs Emden am 6. November 2023.
[172] Seit 1972: Johannes-Althusius-Gymnasium"; 1949 Kaiser-Friedrich-Schule.
[173] Personalakte Pöppelmann, Dr. Brose an Schulverwaltung, Emden, d. 18. Oktober 1951.
[174] Vgl. aber Pöppelmanns Verhalten gegenüber Lott und Schäffer 1933: Nanninga, Ungeist, S. 22, 66.

seinem Rücktritt als Ortsgruppenleiter sei er darauf auf Anordnung des Gaulei-ters Carl Röver[175] „vom aktiven Parteidienst entbunden" worden.[176] In Emden war er zuvor vom 16. November 1934 an bis zum 31. Januar 1937 Kreiskultur-wart und Kreisobmann der Emdener NS-Kulturgemeinde[177] und ab 1. Februar 1937 Leiter der Ortsgruppe Bentinkshof [Teil der Emdener Innenstadt] gewe-sen. außerdem Mitglied des NSLB (1.1.1933), des NSV (Feb. 1934), des Reichsluftschutzbundes (1.10.1934), des Reichskolonialbundes (1.12.1934) und des VDA. Einzelheiten über Pöppelmanns Rolle in der Emdener NSDAP und Politik[178] sind jedoch nicht bekannt.

Kriegs- und Nachkriegszeit

In Hannover und Emden liegen danach für die Kriegszeit keine weiteren amtlichen Informationen über Pöppelmann vor. Nach einer Anweisung des Oberpräsidenten an die Kasse des Wilhelmsgymnasiums vom 27. Februar 1946 dürften an Pöppelmann oder seine Angehörigen keine Dienstbezüge gezahlt werden, da er immer noch nicht aus dem Krieg zurückgekehrt sei.[179] Am 1. Februar 1947 ging über das Arbeitsamt Emden beim Staatlichen Wilhelmsgym-nasium Emden eine Anfrage von einer Spruchkammer eines Internierungsla-gers bei Augsburg ein, in der die Bestätigung von Pöppelmanns Amtstätigkeit erbeten wurde. Das Schriftstück trägt folgende Vermerke vom 21. Juni 1947: „1. Kommt als Leiter nicht mehr in Frage. 2. Hat seit 1945 keinen Dienst ge-macht. 3. Gilt als ‚aus dem Staatsdienst entlassen'"[180] – offenbar eine Rechts-folge der Internierung.

Über seine Tätigkeit bei der Wehrmacht schreibt Pöppelmann selbst in sei-nem Lebenslauf, er sei vom 7. Juli 1941 bis zum 15. Juni 1942 als Sonderführer eingesetzt worden: „Im Rußlandfeldzug 1941/42 als Sonderführer bei einer Au-ßenstelle des Wi.Ko Pleskau eingesetzt, hatte ich ausgiebige Gelegenheit, die seit 1918 eingetretenen grundlegenden Veränderungen zu studieren."[181] Diese Formulierung lässt eine ausgedehnte Reisetätigkeit vermuten. In Pleskau (etwa 290 km südwestlich von Leningrad) war u.a. die Wirtschaftsinspektion Nord

---

[175] https://de.wikipedia.org/wiki/Carl_Röver, (1889-1942).
[176] Personalakte Pöppelmann, Bl. 16.
[177] Vgl. auch BArch R 9361-IX Kartei/32761346.
[178] https://de.wikipedia.org/wiki/Emden_zur_Zeit_des_Nationalsozialismus.
[179] Personalakte Pöppelmann, Bl. 4.
[180] Personalakte Pöppelmann. Bl. 5.
[181] Personalakte Pöppelmann, Bl. 16.

stationiert, deren Aufgabe es war, das eroberte Gebiet auszuplündern und, wo möglich, die Wirtschaft wieder in Gang zu bringen. Dazu wurden Sonderführer eingesetzt, oft zivile Fachleute in militärischen Sonderrängen.[182] In Pöppelmanns Fall liegt es nahe anzunehmen, dass er wegen seiner hervorragenden Kenntnisse der russischen Sprache als Dolmetscher eingesetzt wurde.

Am 15. Juli 1942 wurde er dann, seinem Lebenslauf zufolge, zum Oberkommando der Wehrmacht nach Berlin versetzt, wo er bis zum 25. April 1945 im Wehrwirtschafts-Rüstungsamt, Abteilung Ausland, tätig war; die Aufgaben, mit denen er betraut worden sei, „waren rein militärischer Natur und betrafen wehrwirtschaftliche Potenzialberechnungen."[183] Die „Abteilung Ausland" wird sich – etwas weniger harmlos – mit dem wehrwirtschaftlichen Potenzial der deutschen Kriegsgegner beschäftigt und geheimdienstliche Quellen zu dessen Beurteilung herangezogen haben. Pöppelmann wurde in dieser Tätigkeit am 1. Mai 1943 zum Leutnant d.R. und am 1. Januar 1944 zum Oberleutnant d.R. befördert. In der Endphase des Krieges floh er über Frankfurt/O. nach Bayern und gelangte am 22. Mai 1945 in amerikanische Kriegsgefangenschaft, wurde dann anscheinend identifiziert und am 21. November 1946 in das Internierungslager Göggingen bei Augsburg überstellt, in dem viele prominentere (weibliche) Nationalsozialisten einsaßen.[184] Zum Arbeitseinsatz wurde er vom November 1946 bis zum Juli 1947 nach Göppingen verlegt,[185] am 3. Juli 1947 entlassen und zunächst von der britischen,[186] dann von der amerikanischen Besatzungsmacht in Dienst genommen: Zweifellos benötigte man ihn wegen seiner hervorragenden Englisch- und Russischkenntnisse.

Sein Anwalt schrieb im April 1951: Pöppelmann sei „seit seiner Entlassung aus der Internierung für Dienste der Besatzungsmacht in Anspruch genommen worden [...], und zwar für besonders vertrauliche Aufgaben. Er befinde sich daher seit langem in dem sogenannten Camp King[187], der höchsten Dienststelle

---

[182] https://de.wikipedia.org/wiki/wirtschaftsinspektion.

[183] Personalakte Pöppelmann, Bl. 18.

[184] Das „Lager der Unverbesserlichen", vgl. Gassert, Philipp et al. (Hg): Augsburg und Amerika, Augsburg 2014, bes. S. 185ff.

[185] NLA HA Nds 171 Hannover-IDEA, Nr. 20319, Fragebogen v. 26.5.1951.

[186] Burgsteinfurt Intelligence Section bei der Britischen Militärregierung.

[187] https://de.wikipedia.org/wiki/Camp_King. US-Geheimdienstzentrum in Oberursel/Taunus; das Camp ist benannt nach einem hochrangigen Offizier des US-Nachrichtendienstes.

der militärischen amerikanischen Besatzungsmacht. Ihm war verboten, sich polizeilich zu melden, und es war ihm aufgegeben, unter dem Namen Dr. Peters sich dort im Camp King aufzuhalten. Nur zum Zwecke seiner Entnazifizierung war es ihm erlaubt worden, sein Pseudonym aufzugeben. Er steht heute noch im Dienst der Besatzungsmacht."[188] Pöppelmann gehörte danach zu den deutschen Spezialisten, deren Kenntnisse u.a. über die Sowjetunion sich der US-Geheimdienst zu Nutze machen wollte. Es verwundert daher nicht, dass das hessische Entnazifizierungsverfahren gegen Pöppelmann nichts Relevantes zu Tage förderte.

Als Pöppelmann 1950 die Pensionsgrenze erreichte, wollte er die Versorgungsbezüge eines Oberstudiendirektors beantragen; daher ließ er am 15. Dezember 1950 durch seinen Anwalt bei der Schulbehörde in Hannover anfragen, welche Unterlagen er beibringen müsse.[189] Das Spruchkammerverfahren gegen ihn sei am 30. November 1949 durch die Zentralspruchkammer Hessen-Süd in Frankfurt/M. eingestellt worden. Die Schulverwaltung verwies auf die Rechtslage in Niedersachsen, wonach ein Kategorisierungsbescheid vorgelegt werden müsse, Pöppelmann müsse außerdem beweisen, dass seine Beförderung zum Studiendirektor nicht „ausschließlich oder überwiegend" auf seine Parteizugehörigkeit zurückzuführen gewesen sei. Da seine Akten 1943 bei einem Brand vernichtet worden seien und nur noch ein Personalbogen von 1943 erhalten sei, müsse er alle wichtigen Unterlagen erneut einreichen. Die Schulbehörde fragte darauf am 8. Oktober 1951 bei den früheren Dienststellen Pöppelmanns nach, wie es zu dessen Ernennung zum Oberstudiendirektor 1934 gekommen war.

In einem Briefwechsel zwischen der Schulbehörde und dem Öffentlichen Kläger wurde zunächst geklärt, dass Pöppelmann aufgrund seiner Formalbelastung einem Entnazifizierungsverfahren unterworfen werden müsse; seine Pensionsansprüche drohten jedoch zu verfallen, da er die in Niedersachsen geltenden Fristen nicht eingehalten hatte.[190] Sein Anwalt argumentierte mit Schreiben vom 23. April 1951 dagegen, dass die niedersächsischen Bestimmungen in Hessen „völlig unbekannt und ungeläufig" seien.[191] Nach der Entnazifizie-

---

[188] Personalakte Pöppelmann, Bl. 13; Bl. 14 Nachweis der Tätigkeit für britischen Geheimdienst Sept. – Nov. 1947; Bl. 15 Einstellungsbescheid 23.6.1950.
[189] Personalakte Pöppelmann, Bl. 6.
[190] Personalakte Pöppelmann, Bl. 7–12.
[191] Personalakte Pöppelmann, Bl. 13.

rungsentscheidung im schriftlichen Verfahren – Kat. IV, Aberkennung des passiven Wahlrechts – am 30. Mai 1951 entschied schließlich der Kultusminister am 29. Oktober 1951, dass Pöppelmann die volle Pension als Oberstudiendirektor zustehe. Bemerkenswert ist die Begründung: Man könne nicht beweisen, dass er unter anderen politischen Verhältnissen nicht auch Oberstudiendirektor geworden wäre.[192]

Handelte es sich bei Dr. Otto Pöppelmann um einen überzeugten Nationalsozialisten? Sein Parteieintritt am 1. September 1932 lässt ihn als einen jener Parteigenossen erscheinen, die der NSDAP freiwillig, aus voller Überzeugung und um der Sache willen beitraten. Anders als gewöhnliche Parteigenossen brauchte er sich jedoch nicht emporzudienen, sondern wurde umgehend zum Pressewart bestimmt und schon wenige Wochen später als Ortsgruppenleiter eingesetzt. Für diese Blitzkarriere qualifizierten ihn anscheinend seine akademische Ausbildung und seine Berufserfahrung als Studienrat. Seit die NSDAP auf einen Legalitätskurs eingeschworen war, benötigte man nämlich verstärkt Führungspersonal, das die Agitation in Wort und Schrift beherrschte. Die Partei suchte also solche Männer wie Dr. Pöppelmann für sich zu gewinnen, indem man ihnen eine Karriere bot. Darüber hinaus scheint Pöppelmann ein Günstling des Regierungsdirektor Pusch, Leiter der Abteilung für höhere Schulen in Hannover, gewesen zu sein, dem es darum ging, eine handverlesene nationalsozialistische Führungselite in seinem Verantwortungsbereich zu formen. So hatte er auch den jungen Studienrat und Ortsgruppenleiter Wilhelm Lendle in Nienburg als Schulleiter nach Uelzen versetzt. Voraussetzung für eine Karriere auch für Pöppelmann war, dass er sich in einem Parteiamt betätigt und bewährt hatte. So betrachtet, bot der Eintritt in die NSDAP Pöppelmann die Möglichkeit, seinem Lebenstraum, Schulleiter zu werden, einen großen Schritt näher zu kommen und gleichwohl die Distanz zum Nationalsozialismus nicht völlig aufzugeben: Er war anscheinend eher Technokrat als Ideologe.

Seine anfänglichen Erfolge als Ortsgruppenleiter hätten ihm vielleicht auch einen weiteren Aufstieg innerhalb der Partei ermöglichen können. Der Widerstand seines Kreisleiters und ein eklatanter Fehler versperrten diesen Weg jedoch, zumal in Uelzen. Andererseits war Pöppelmann auch nicht an einem Aufstieg in die Schulaufsicht interessiert, so dürfte er mit seiner Aufgabe als Leiter des Wilhelmsgymnasiums in Emden zufrieden gewesen sein. Darüber hinaus

---

[192] Personalakte Pöppelmann, Entwurf für den Kultusminister, 29.10.1951.

war er vielfältig in die Emdener Politik eingebunden, wodurch er sich zum Kritiker der NSDAP entwickelte, der er Mangel an Bildung und Kultur sowie Korruption vorwarf. Das Betätigungsverbot durch den Gauleiter nach seinem Rücktritt als Ortsgruppenleiter in Emden mag als Indiz dafür gelten, dass Pöppelmann beruflich und vielleicht auch persönlich gefährdet war, bis seine Verwendung in der Wehrmacht ihm neue Chancen bot. Er galt als schwieriger Charakter; heute lässt sich aber nicht mehr beurteilen, ob dies zur Entstehung und Verschärfung der Konflikte beigetragen hat, die er durchstehen musste. Seine geheimdienstliche Tätigkeit, nacheinander für verschiedene Regierungen, aber vermutlich mit gleicher Zielrichtung gegen den „Bolschewismus", erlaubte es ihm, seine speziellen Kenntnisse und Fähigkeiten einzusetzen und auch in dieser Funktion seinen Ehrgeiz zu befriedigen.

EINLEITUNG (TEIL 2)

Nachdem nun seit April 2022 etliche Artikel über das Thema „Uelzener Lehrer und der Nationalsozialismus" erschienen sind, ist es an der Zeit, einen Überblick über das Erreichte zu geben und über die Schritte, die noch nötig sind zur Abrundung des Gesamtbildes.

Gemäß den Angaben im Uelzener Adressbuch von 1937 unterrichteten an den vier allgemeinbildenden Schulen der Stadt Uelzen 64 Lehrerinnen und Lehrer, dazu sieben Assessoren/-innen; an der Landwirtschaftsschule waren weitere drei und an der Berufsschule vier Lehrkräfte tätig, zwölf Handwerksmeister erteilten Fachunterricht.[193] Man darf unterstellen, dass die ganz große Mehrheit dieser Lehrer im Verlauf der NS-Herrschaft mehr oder weniger freiwillig in die Organisationen der NSDAP integriert wurde, ob sie überzeugte Nationalsozialisten waren, lässt sich damit allein allerdings nicht beurteilen. Einzelfallprüfungen bei 90 Personen wären aber viel zu aufwändig und mangels geeigneter Quellen auch kaum erfolgversprechend. Es galt also auszuwählen. In erster Linie boten sich die Lehrer zur genaueren Untersuchung an, über die in jener Zeit „prominent" in der Presse berichtet wurde, das waren unter anderem die Schulleiter. Wenn sie die NS-Zeit und den Krieg überlebt hatten,[194] existiert über jeden einzelnen von ihnen auch eine Entnazifizierungsakte, in der deren Einstellung zum Nationalsozialismus dokumentiert, von anderen bewertet und von ihnen selbst gerechtfertigt wird. Damit bietet sich auch uns eine recht sichere Grundlage für ein Urteil aus heutiger Sicht.

Am 1. Mai 1933 trat eine Sperre für die Aufnahme neuer Parteimitglieder in Kraft,[195] die ab 1937 für verdiente Anwärter gelockert und 1939 gänzlich aufgehoben wurde. In der Folge stieg die Mitgliederzahl der NSDAP auf ca. 6 Millionen. Die Partei wurde nun nicht mehr als „Ausleseorganisation zur politischen Elitebildung" betrachtet, sondern als „breite Organisation zur Erfassung, Kontrolle und Disziplinierung der Nation".[196] Wenn aber die Erfassung

---

[193] Niemann, Nationalsozialismus, Bd. 2, S. 149.

[194] Steinmeyer, Rudolf: Die Chronik der Herzog-Ernst-Schule, Uelzen 1964, S. 303: Dr. Franz Thorau war vor Kriegsende auf dem Balkan umgekommen. Dr. Hugo Werner wurde hingegen entnazifiziert, obwohl er verstorben war, vgl. Nanninga, Ungeist, S. 12, Anm. 17.

[195] Nanninga, Ungeist, S. 74: Dr. Hartmut Schurig wurde jedoch am 1.4.1936 in die Partei aufgenommen, nachdem er als Erwachsener 1935 in die HJ eingetreten war.

[196] Broszat, Martin: Der Staat Hitlers, dtv München ⁵1975, S. 253.

der Menschen durch die Partei und ihre Organisationen zum Normalfall wird, richtet sich unser Blick auf diejenigen unter den Uelzener Lehrern, die sich dem Zugriff der Partei weitgehend entziehen konnten. Ihrer wird im Schlusskapitel gedacht werden.

Vor dem 1. Mai 1933 lässt sich die Mitgliederentwicklung der NSDAP in drei Phasen einteilen: die Kampfzeit (1923 – 1928), die Zeit des rasanten Wachstums (1929 – 29. Januar 1933) und die Folgen von Hitlers Ernennung zum Reichskanzler (30. Januar 1933 – 1. Mai 1933). Am 14. September 1930 wurden 129.000 Parteimitglieder gezählt, bis zum 30. Januar 1933 wuchs ihre Zahl auf 849.000 an,[197] in den folgenden drei Monaten wurden ca. 1,6 Millionen neue Mitglieder aufgenommen.[198]

In der „Kampfzeit", als sich die Partei als Männerbund verstand und die Parteigenossen automatisch der SA angehörten, waren vor allem Kämpfer gefragt, die sich als radikale Minderheit in einer feindlichen Öffentlichkeit beispielsweise in Saalschlachten bewähren mussten; Kämpfer auch die, die sich in Wort und Schrift Gehör verschafften. Viele von letzteren etablierten sich dauerhaft in der Parteiführung. Zu nennen ist hier etwa Otto Telschow, der im Juni 1925 den ersten Ortsverein der NSDAP in der Nordheide gründete und am 16. Juli 1925 zum Führer des Gaus Lüneburg/Stade später Ost-Hannover ernannt wurde.[199] Auch der Leiter der Abteilung höhere Schulen im Präsidium Hannover, Regierungsdirektor Dr. Arthur Pusch, gehört zu diesen „Alten Kämpfern". Er hat die Schulpolitik der Nationalsozialisten in der Provinz Hannover zwischen 1933 und 1941 maßgeblich bestimmt und die Karrieren Otto Pöppelmanns[200] und Wilhelm Lendles[201] gefördert. Pusch (21.12.1883 – 16.6.1941) war nach seinem Seminarjahr am Johanneum Lüneburg seit Oktober 1910 am Ratsgymnasium Peine tätig und seit 1926 Oberstudienrat, anscheinend ein guter Lehrer und in der Schulverwaltung tätig. Am 7. September 1925 war er in die NSDAP eingetreten (Mitgliedsnummer 18.026), zuletzt Kreisleiter; er hatte sich im März 1933 in das Bürgervorsteherkollegium der Stadt Peine wählen

---

[197] Broszat, Staat Hitlers, S. 49.
[198] Broszat, Staat Hitlers, S. 253.
[199] https://wikipedia.org/wiki/Otto_Telschow (1876-1945), als Verwaltungsbeamter bei der Hamburger Polizei wegen politischer Betätigung entlassen. Parteibuchnummer: 7057. Niemann, Nationalsozialismus, Bd. 4, S. 195.
[200] HW Nr. 28, 13.7.2024, S. 110. Darstellung Dr. Hövermanns.
[201] Nanninga, Ungeist, S. 22f.: Darstellung Dr. Hövermanns 1948.

lassen und war dessen Worthalter. In der Verbotszeit war er zu einer Geldbuße verurteilt worden, weil er sich in der Öffentlichkeit mit dem Landtagsabgeordneten der NSDAP Hanns Kerrl[202] gezeigt hatte.[203] Dessen Fürsprache dürfte Pusch die Ernennung zum Abteilungsleiter in Hannover zu verdanken haben, die zum 25. Juli 1933 zunächst kommissarisch, ab 28. Dezember 1933 (rückwirkend zum 1. Oktober) endgültig erfolgte. Er war, wie Oberpräsident Lutze formulierte, ein „im politischen Kampf für den nationalen Staat gestählter Charakter", „ein tüchtiger Fachmann, der sich durch Fleiß, Eifer, Umsicht und Energie auszeichnet." Insbesondere habe er „die auf dem Gebiete des höheren Schulwesens besonders schwierige Durchführung des Berufsbeamtentumsgesetzes mit klarem, sicherem Urteil und ernstem Verantwortungsbewußtsein gelöst."[204]

Zu den Kämpfern in Wort und Schrift zählt Wilhelm Lendle, der 1922/23 als Student in Göttingen und Ortsgruppenleiter für die Hitler-Partei agitiert hatte. Zum Status des „Alten Kämpfers" und für das „Goldene Parteiabzeichen" fehlten ihm einige Jahre Parteimitgliedschaft während seiner Ausbildung zum Lehrer. Er vertrat aber, wie seine Mutter erkannte, eine besonders reine Version des Nationalsozialismus und lebte diese anscheinend auch.[205]

Louis Gaafke war von seiner eher schmächtigen Statur her vermutlich kein „Rabauke" oder Straßenkämpfer, sein mutiges öffentliches Auftreten als politischer Redner hatte ihm jedoch berufliche Schwierigkeiten eingetragen, so dass er als Parteimitglied in der Öffentlichkeit Vorsicht walten lassen musste, wenn er nicht seine materielle Existenz und die seiner Familie gefährden wollte. Ihm fehlte allerdings bei mittelmäßigen Fähigkeiten anscheinend auch der Ehrgeiz, in eine Führungsposition aufsteigen zu wollen. Sein Selbstbewusstsein als „Alter Kämpfer" ließ ihn gegenüber später eingetretenen Parteigenossen anecken, so dass er nicht aufstieg, sondern verbitterte.

Viele von den mehr als 700.000 Personen, die zwischen 1929 und dem Januar 1933 in die NSDAP eintraten, werden dies aus opportunistischen Gründen getan haben. Wer nämlich auf Hitlers erfolgreichen Weg an die Macht spe-

---

[202] https://wikipedia.org/wiki/Hanns_Kerrl.
[203] StA Peine GS 02 M/Chr 2, 8. November 1931; das war die Version der NSDAP.
[204] BArch R 1501/209805 Personalakte Dr. Arthur Pusch, Bericht von Oberpräsident Lutze an den Preuß. Minister für Wissenschaft etc., Hannover 19.9.1933.
[205] Nanninga, Ungeist, S. 58.

kuliere, fand in der expandierenden Parteiorganisation und den ihr zugeordneten Verbänden reichlich Gelegenheiten zu einer Karriere. Die Partei selbst bemühte sich aber auch aktiv darum, geeignete Führungskräfte zu rekrutieren. So wurde beispielsweise Otto Pöppelmann[206] Mitglied der NSDAP auf eine Initiative aus der Partei, er brauchte sich dann nicht erst mühsam hochzudienen. Als intellektueller Protegé geriet er sehr bald in Konflikt mit „Alten Kämpfern" und scheiterte am Ende am „Bonzentum". Aus dem Kreis der prominenten Uelzener Lehrer gehörten ferner der Mittelschullehrer Hans von der Ohe und Helmuth König, der Rektor der Mittelschule, zu denen, die vor Hitlers Ernennung zum Reichskanzler Aufnahme in die NSDAP beantragt hatten. Ihnen sind die folgenden beiden Kapitel gewidmet.

Stellvertretend für die 1,6 Millionen neuen Parteimitglieder, die zwischen dem 31. Januar und dem 1. Mai 1933 aufgenommen worden waren, sind aus dem Kreis der Uelzener Lehrer Paul Schäffer und Wilhelm Lott schon früher vorgestellt worden.[207] Beide waren auf den Rat ihres Kollegen Otto Pöppelmann, damals Ortsgruppenleiter der NSDAP in Uelzen, in die Partei eingetreten. Schäffer litt unter öffentlichen Anfeindungen – Mobbing, würden wir heute sagen, weil er Freimaurer gewesen war; Lott war zur Zielscheibe der Hitlerjugend in der Schule geworden. Beiden schien der Parteieintritt eine Verbesserung ihrer persönlichen Lage zu bieten. Ihnen wie den übrigen 179.000 Beamten, darunter 71.000 Lehrer, die nun in die Partei eintraten, ging es vermutlich auch um die Absicherung ihrer sozialen Position angesichts des Gesetzes zur Wiederherstellung des Berufsbeamtentums vom 7. April 1933, das zur Säuberung und Disziplinierung der Beamtenschaft diente; die Beamten mussten ihre arische Abstammung beweisen und einen umfangreichen Fragebogen zu ihrer bisherigen politischen Betätigung einreichen. Dieses Gesetz bildete die Grundlage für die Machtübernahme der Nationalsozialisten in der Verwaltung.[208]

Von den prominenteren Uelzener Lehrern, die der NSDAP am 1. Mai 1933 beitraten, müssen noch berücksichtigt werden der Studienrat Hermann Teichmann und Dr. Ernst Zimmermann, der Direktor des Lyzeums. Angst um Status und Existenz als Motiv für den Parteieintritt scheint bei Teichmann objektiv keine Bedeutung gehabt zu haben, denn er ging fünf Monate später in Pension.

---

[206] HW Nr. 27, 6.7.2024, S. 106.
[207] Nanninga, Ungeist, S.60-65 und 66-71.
[208] Broszat, Staat Hitlers, S. 250.

Bei weitem nicht alle Uelzener Lehrer ließen sich mit dem Nationalsozialismus ein. Diese Männer sollen abschließend gewürdigt werden.

Von der Ohe, Hans

Der Mittelschullehrer Hans von der Ohe trat im Oktober 1932 in die NSDAP ein, zu einer Zeit, wie er ausführt, „als die Parteimitgliedschaft noch keinerlei persönlichen Vorteil mit sich bringen konnte. Mein Eintritt erfolgte aus Idealismus und in dem Glauben, daß es der NSDAP gelingen würde, einen Wiederaufbau unserer darniederliegenden Wirtschaft nach den Gesichtspunkten einer sozialen Gerechtigkeit durchzuführen." Wie die meisten Deutschen habe auch er nicht wissen können, dass Hitler einen Weltkrieg führen wollte. Nur wenige Zeilen später stellte v.d.Ohe seinen Parteieintritt dagegen als taktische Maßnahme dar, um „dem Widerstand, der von Seiten der Hitler-Jugend dem VDA entgegengebracht wurde, besser entgegenzutreten zu können."[209] Parteieintritt aus „Idealismus" oder aus taktischem Kalkül?

Hans von der Ohe war am 16. Januar 1897 in Varendorf geboren worden; in seinem Entnazifizierungsverfahren fasste der Berufungsausschuss seinen Werdegang folgendermaßen zusammen: Er bestand die beiden Lehrerexamen für die Volksschule 1920 und 1923 und die Prüfung für Mittelschullehrer im Jahre 1926. Von 1921 bis 1932 wirkte er als Lehrer an der Volksschule in Uelzen und von 1932 bis 1945 an der Mittelschule in Uelzen.[210] Der Darstellung seines Anwalts zufolge habe v.d.Ohe 1925 bei einer Wanderung im Sudetenland die Not der dort lebenden Volksdeutschen kennengelernt, er sei daher in den Verein für das Deutschtum im Ausland (VDA) eingetreten und habe ab 1926 aktiv in der Ortsgruppe Uelzen mitgearbeitet. 1927 wurde ihm die Gestaltung der öffentlichen Feier zur Einweihung des Luther-Denkmals übertragen.[211] 1931 sei er zum Kreisverbandsleiter des VDA gewählt worden, ab 1932 war er auch Mitglied der Hauptversammlung in Berlin, die aber ab 1937 nicht mehr einberufen wurde.[212] Ziel des VDA waren Schutz und Unterstützung der deutschen Volksgruppen im Ausland. „Der VDA war also die Organisation,

---

[209] NLA HA Nds. 171 Lüneburg Nr. 59435 (Entnazifizierungsakte v.d.Ohe), Bl. 35 Widerspruch v.d.Ohes gegen seine Amtsenthebung, Uelzen, 15.2.1947.
[210] Entnazifizierungsakte Bl. 62/63 Urteilsbegründung.
[211] Entnazifizierungsakte Bl. 44-46 Berufung des RA Schröder gegen Einreihungsbescheid (Kat. III), Berufung 27.9.47; Begründung:15.11.47.
[212] Entnazifizierungsakte Bl. 44-46 Berufung des RA Schröder gegen Einreihungsbescheid (Kat. III), Berufung 27.9.47; Begründung:15.11.47.

dessen Arbeit im Rahmen der Genfer Minderheitenschutzbestimmungen innerhalb der fremden Staaten anerkannt war und geduldet wurde." Vorbedingung für eine erfolgreiche Arbeit sei die völlige politische Neutralität gewesen. [213]

Dagegen zählten die Siegermächte den VDA zu den nazistischen Organisationen, die verboten und aufgelöst wurden.[214] Wegen seiner langjährigen, führenden Tätigkeit in diesem Verein hatte die Militärverwaltung v.d.Ohe im Juni 1945 für 18 Monate interniert.[215] In den Kategorisierungsverfahren nach seiner Haftentlassung versuchte er dann nachzuweisen, dass er stets eine reine Volkstumspolitik verfolgt und den Rassegedanken des Nationalsozialismus abgelehnt habe; die Parteiämter, die er übernommen habe, hätten ihm die Möglichkeit eröffnet, seine Vereinsarbeit im bisherigen Sinne fortzusetzen: Parteieintritt also als rein taktische Entscheidung zum Nutzen des VDA.

1880 als „Allgemeiner Deutscher Schulverein zur Erhaltung des Deutschthums im Auslande" mit Sitz in Berlin gegründet, wurde die Organisation 1908 in Verein für das Deutschtum im Ausland (VDA) umbenannt. Sein Ziel war die Pflege des kulturellen und sozialen Lebens der Auslands- und Volksdeutschen. Nach dem verlorenen Ersten Weltkrieg gewann diese Zielsetzung eine entschieden politische Dimension. Die Vorstellung von der Volkstumspolitik orientierte sich bekanntlich an der alten Frage des Ernst Ludwig Arndt: Was ist das deutsche Vaterland? Es reicht „so weit die deutsche Zunge klingt" und – als Aufgabe – „das ganze Deutschland soll es seyn!"[216] Auch vor dem Krieg war der VDA der völkischen Richtung zuzurechnen gewesen. Durch die Gebietsabtretungen aufgrund des Versailler Friedensvertrags und die Zerschlagung der österreichischen Monarchie waren zahlreiche neue deutsche Minderheiten entstanden, die der VDA nun – parteipolitisch neutral – betreuen

---

[213] Entnazifizierungsakte Bl. 73 Erläuterungen, die Arbeit im VDA betreffend (nach Rücksprache mit Ministerialbeamten in Hannover), 19.2.1949; vgl. NLA BU L4 Nr. 550 – die dort über „arcinsys" einsehbaren Digitalisate gewähren einen guten Einblick in die sehr intensive Propagandaarbeit des VDA gegenüber der Kultusbehörde, Lehrern und Schülern.

[214] https://www.verfassungen.de/de45-49/kr-gesetz2.htm - Nr. 5 im Anhang.

[215] Entnazifizierungsakte Bl. 36 v.d.Ohe an die Entnazifizierungskammer Uelzen, 19.2.1947; er war am 23.12.1946 aus der Internierungshaft entlassen worden; vgl. auch Bl. 44 Berufung des RA Schröder gegen Einreihungsbescheid (Kat. III), Berufung 27.9.47; Begründung:15.11.47.

[216] Ernst Moritz Arndt, Des Deutschen Vaterland, 1813, 7. Strophe und Schlusszeile der 9. und 10. Strophe.

sollte. Dabei wurde der Verein insbesondere finanziell maßgeblich vom Auswärtigen Amt unterstützt. Über die Berufung auf das Selbstbestimmungsrecht der Völker sollte auf die Revision des „Schandvertrags von Versailles" gedrungen werden – dies war keineswegs nur eine Parole der „Rechten", vielmehr wurde die Revisionspolitik parteiübergreifend und von der ganz überwiegenden Mehrheit der Bevölkerung getragen.[217] Dank erheblicher Förderung durch das Auswärtige Amt arbeitete zum Beispiel ab dem 1. Oktober 1921 die „Zentralstelle für die Erforschung der Kriegsursachen" in Berlin daran, im In- und Ausland die „Kriegsschuldlüge" zu widerlegen; die formal unabhängige, private „Zentralstelle" wurde geleitet von dem Major und Historiker Alfred von Wegerer und war bis 1937 das wohl wichtigste, wissenschaftlich verbrämte Propagandainstrument der deutschen Politik.[218] Im Innenministerium wurde am 24. März 1926 die „Koloniale Frauenschule" in Rendsburg gegründet, die junge Frauen auf das Leben in den ehemaligen deutschen Kolonien vorbereiten sollte[219] – man rechnete fest mit der Revision des Versailler Vertrags, auch bezüglich der deutschen Kolonien.

Innerhalb Deutschlands wurde die Arbeit des VDA durch die Kultusbehörden offiziell befürwortet und unterstützt. Von der Ohe argumentierte 1947 gegen seine Dienstentlassung: „Der heutige Unterrichtsminister des Landes Niedersachsen Grimme[220] hatte in seiner Eigenschaft als damaliger Preuß. Unterrichtsminister sämtliche Lehrer [mehrfach zur Mitarbeit] im VDA aufgefordert,"[221] die Mehrheit der Lehrer war dieser Aufforderung gefolgt.

Anhand der verstreuten Angaben in der „Chronik der Herzog-Ernst-Schule" lassen sich ansatzweise das Engagement einiger Lehrer sowie die Entwicklung der Schülergruppe des VDA am damaligen Realgymnasium nachvollziehen. Im Juni 1924 hätten erstmals 34 Oberstufenschüler, begleitet von

---

[217] Salewski, Michael: Das Weimarer Revisionssystem, in: Aus Politik und Zeitgeschichte 30, H. 2 (1980), S. 14-25.
[218] https://wikipedia.org/wiki/Zentralstelle_für_die_Erforschung_der_Kriegsursachen.
[219] https://de.wikipedia.org/wiki/koloniale_Frauenschule_Rendsburg; ab 1925 durften Deutsche wieder in den früheren Kolonien siedeln.
[220] https://wikipedia.org/wiki/Adolf_Grimme (31.12.1889 – 27.8.1963).
[221] Entnazifizierungsakte Bl. 35 Widerspruch v.d.Ohes gegen seine Amtsenthebung, Uelzen, 15.2.1947; RA Schröder bezieht sich in seiner Begründung (Bl. 44-46) auf Ministerialerlasse, beginnend 1921.

zwei Lehrern, an der Jahrestagung des VDA in Hann.-Münden teilgenommen,[222] bis 1929 sei das regelmäßig wiederholt worden, wobei als Begleiter besonders Sebo Kramer und Dr. Hartmut Schurig hervortraten.[223] Die Mitgliederzahl der VDA-Schülergruppe soll 1930 etwa 200 betragen haben – bei einer Gesamtschülerzahl von knapp 500.[224] Die große Zahl übertreibt allerdings die Bedeutung der Schülergruppe – es bot sich nämlich den Schülern außer dem Schülerturnverein und dem Wandervogel[225] keine Alternative, denn jede Art parteipolitischer Tätigkeit in der Schule war den Schülern streng verboten. Durch Trauerfeiern aller Schulen wegen der erzwungenen Abtretung von Teilen Oberschlesiens und dem gemeinsamen Protest gegen die Ruhrbesetzung „wurde den Schülern eindrucksvoll der Ernst der Lage unseres Vaterlandes zu Gemüte geführt."[226] Nationalpolitisches Engagement der Schüler war also durchaus erwünscht, unerwünscht war dagegen, wenn sich Schüler zu Kaiser und Reich bekannten[227] und insbesondere wurde ihre Zugehörigkeit zur NSDAP und deren Organisationen mehrfach per Erlass unter Androhung schwerer Strafen verboten.[228]

Nach der Aufhebung des Verbots am 1. August 1932 konnte die HJ ungehindert an der Schule wirken und erfolgreich ihren Plan umsetzen, sie „in kurzer Zeit nationalsozialistisch zu machen".[229] VDA und HJ hatten zwar auch schon vor dem Verbot gelegentlich zusammengearbeitet, die Grenzen der Zusammenarbeit blieben aber vom Programmatischen her eng, da der Verein auf parteipolitische Neutralität beharrte. Von der Ohe beklagte nun aber schon 1932 einen direkten Angriff auf sich und den Verein seitens der Partei: „In einer öffentlichen Kundgebung, die im Jahre 1932 in Uelzen stattfand, forderte der Parteiredner Schmidt-Klingenberg zum Austritt aus dem VDA auf. Bei dieser und anderen Gelegenheiten suchten die Angriffe, den Leiter des VDA in den

---

[222] Steinmeyer, Chronik, S. 229.
[223] Steinmeyer, Chronik, S. 261; zu Schurig: Nanninga, Ungeist, S. 72–77.
[224] Steinmeyer, Chronik, S. 250 und S. 264.
[225] Steinmeyer, Chronik, S. 224.
[226] Steinmeyer, Chronik, S. 228.
[227] Steinmeyer, Chronik, S. 252f.
[228] Steinmeyer, Chronik, S. 254: Erlass v. 2.1.1930; S. 264: Erlass v. 12.7.1931; vgl. dazu: Niemann, Bd. 2, S. 262: Bismarck, Walter: 5 Jahre Hitler-Jugend in der Lüneburger Heide, AZ 18.8.1933.
[229] Niemann, Bd. 1, S. 17.

Augen der Jugend als lächerliche Figur hinzustellen, indem sie ihn als „Weihnachtsmann" bezeichneten, welcher ein überholter und verstaubter Kinderschreck sei."[230] Bannführer Jurczek zeichnete bei der Werbewoche der HJ in Uelzen Ende Mai 1933 den Weg für alle Jugendverbände vor: In wenigen Jahren würden sowieso alle, ob freiwillig oder etwas gezwungen, in die HJ eintreten müssen.[231]

Am 24. Juni 1933 wurde durch den „Volksbund für das Deutschtum im Ausland", wie der Verein jetzt hieß, „in allen deutschen Gauen ein Volksdeutscher Staffellauf" durchgeführt „zu dem Zweck, die Auslandsdeutschen zur Treue am deutschen Volkstum zu mahnen."[232] Den politischen Rahmen für den Staffellauf bildete das „Fest der deutschen Jugend", das Innenminister Dr. Frick [NSDAP] reichsweit angeordnet hatte; an diesem Tag sollten Sportwettkämpfe, die Sonnenwendfeier und eine volksdeutsche Kundgebung stattfinden, aber wegen des schlechten Wetters wurden alle Programmpunkte bis auf die Staffel um drei Tage verschoben.[233] Teilnehmer an dem Staffellauf waren nicht nur Mitglieder der VDA-Jugend, sondern, wie ein Bericht aus Ebstorf belegt, „Hitler-Jugend, Scharnhorst-Jugend [Jugendorganisation des Stahlhelm] und VDA-Jugend."[234] Mit der Organisation des Fests in Uelzen war Herbert Treppke, der Unterbannführer der HJ, beauftragt worden,[235] Bei der Ankunft der Staffel in Uelzen hielt „Mittelschullehrer v.d.Ohe" (dessen Bezug zum VDA nicht genannt wird) auf einer spontanen Kundgebung eine Begrüßungsrede: Das deutsche Volk sei kein Volk von 63 Millionen Menschen, sondern in Europa wohnten 80 Millionen und in der Welt ungefähr 100 Millionen Deutsche. Die durch Versailles gezogenen Grenzen seien durch Zufälligkeiten entstanden. Sie seien Menschenwerk und daher nicht ewig. Statt daraus aber eine Forderung nach Revision abzuleiten, erneuerte v.d.Ohe lediglich das Treuegelöbnis des VDA gegenüber der deutschen Jugend im Ausland. Insbesondere die Deutschen in Polen bedürften der Unterstützung in ihrem schweren nationalen Kampf, da die

---

[230] Entnazifizierungsakte Bl. 44-46 Berufung des RA Schröder gegen Einreihungsbescheid (Kat. III), Berufung 27.9.47; Begründung:15.11.47.
[231] Niemann, Bd. 1, S. 576 „Die Werbewoche der Hitler-Jugend eröffnet", AZ 24.5.1933.
[232] Niemann, Bd. 2, S.192 „Staffel Hannover-Emden"; S. 183 „Volksdeutscher Staffellauf".
[233] Niemann, Bd. 2, S. 177, 187, 188, 201.
[234] Niemann, Bd. 2, S. 190 „Ebstorf, 27. Juni".
[235] Niemann, Bd. 2, S. 177.

Polen die Nicht-Polen in ihrem Staat mit aller Gewalt zu polonisieren versuchten. Am Ende weist der Reporter darauf hin, dass Hitler „als geborener Auslandsdeutscher wie kein anderer Reichskanzler die Not des Grenzkampfes kennt."[236] V.d.Ohe vertrat hier zwar „spontan" die bisherige Position des VDA, der Verein wurde aber zunehmend durch die NSDAP und deren Organisationen „eingerahmt".

Aufgrund der Konkurrenz durch die HJ ging die Mitgliederzahl der VDA-Gruppe am Realgymnasium bis zum Juni 1934 auf 90 zurück. „Um die Zusammenarbeit mit der HJ zu gewährleisten, wurde der zuständige Unterbannführer gleichzeitig Schulobmann des VDA".[237] Damit übernahm die HJ praktisch die Kontrolle über die VDA-Schülergruppe. Am 2. November 1936 schließlich wurde feierlich die HJ-Fahne über dem Realgymnasium gehisst, weil nunmehr über 90% der Schüler der HJ bzw. dem Jungvolk angehörten;[238] für den VDA gab es innerhalb der Schulen offenbar kaum noch Raum. „1933 und 1934 konnte der VDA „Das Fest der Deutschen Schule" durchführen, bei dem die gesamte Lehrerschaft des Kreises Uelzen und damit alle Schulen sich zur volksdeutschen Arbeit bekannten," so stellte es Rechtsanwalt Schröder dar.[239] Der Aufruf zu diesem Fest erschien aber bereits 1933 unter den "Mitteilungen aus der NSDAP", also gleichsam unter dem Schirm der Partei.[240] 1934 wurde der „Tag der deutschen Schule" auf Antrag des VDA in „Tag des deutschen Volkstums" umbenannt. Obwohl Reichsinnenminister Frick „alle amtlichen Stellen, die gesamte Öffentlichkeit und Organisationen und Verbände der nationalen Bewegung" zur Unterstützung das Festes aufrief, ließ das Interesse schrittweise nach und die Arbeit des VDA kam „in vielen Kreisgebieten völlig zum Erliegen".[241]

---

[236] Niemann, Bd. 2, S. 192 „Bekenntnis zum Deutschtum", 26.6.1933.

[237] Steinmeyer, Chronik, S. 270.

[238] Steinmeyer, Chronik, S. 273; vgl. Niemann, Bd. 2, S. 599: An der Realschule war das schon ein Jahr früher erreicht worden.

[239] Entnazifizierungsakte Bl. 44-46 Berufung des RA Schröder gegen Einreihungsbescheid (Kat. III), Berufung 27.9.47; Begründung:15.11.47.

[240] Niemann, Bd. 2, S. 290; vgl. auch S. 312: Anordnung der Fotos – Kreuz und Hakenkreuz in der Mitte, oben das Jungvolk (HJ), unten die VDA-Jugend.

[241] Entnazifizierungsakte Bl. 44-46 Berufung des RA Schröder gegen Einreihungsbescheid (Kat. III), Berufung 27.9.47; Begründung:15.11.47; Niemann, Bd. 2, S. 487.

Zu den Ursachen für die schwindende Bedeutung des VDA gehört vermutlich auch die erfolgreiche, öffentlichkeitswirksame Volkstumspolitik der Nationalsozialisten in den Jahren 1934/35. Bei der Jahrestagung des VDA im Januar 1934 hatte „Gauführer v.d.Ohe" ausgeführt, durch das Jahr 1933 habe das deutsche Volk zu sich selbst zurückgefunden und den „Marsch auf das großdeutsche Ziel" angetreten; es würden allerdings noch Jahrzehnte vergehen, bis sich der Traum der Auslandsdeutschen vom Reichseintritt verwirklichen lassen würde,[242] mit anderen Worten: Der VDA würde noch über Jahrzehnte aufgefordert sein, unter den Auslandsdeutschen und im Innern unter den Schülern, Lehrern, Organisationen etc. den Volkstumsgedanken wach zu halten. Die Pfingsttagung des VDA, eines der klassischen Propagandamittel des Vereins, sollte 1934 an „Rhein und Mosel" stattfinden, mit Aufmärschen, Kundgebungen, einem Höhenfeuer usw. in verschiedenen Städten, um „dem kämpfenden Saarland" ein Zeichen zu geben. Am 13. Januar 1935 würde dort die wahlfähige Bevölkerung entscheiden, ob man zu Frankreich oder Deutschland gehören bzw. den Status quo beibehalten wollte. Als Folge des Ersten Weltkriegs war das Saargebiet für 15 Jahre zum Mandatsgebiet des Völkerbundes erklärt worden, das formell zum Deutschen Reich gehörte, aber wirtschaftlich und währungspolitisch von Frankreich dominiert wurde. Zur Vorbereitung der Volksabstimmung hatte die NSDAP im Saargebiet 1933 verschiedene Parteien zur „Deutschen Front" formiert und eine beispiellose Propaganda-Kampagne gestartet, die von Goebbels gesteuert wurde. 90,5% der Berechtigten stimmten schließlich für die „Heimkehr der Saar ins Reich"[243] – ein gewaltiger Prestigeerfolg für die Volkstumspolitik der NSDAP, der sich 1934 schon abgezeichnet hatte, als der VDA beispielsweise im Rahmen des Winterhilfswerks der NSV[olkswohl] 1934 noch Kleinspenden für die darbenden Volksgenossen im Ausland sammelte.[244]

---

[242] StA UE AZ 1934, 10. Januar 1934 „Tagung des VDA".
[243] Von zur Mühlen, Patrik: Schlagt Hitler an der Saar, Bonn ²1981.
[244] AZ 1934, 22.1.1934 „Nationalsozialismus heißt Opfersinn"; 25.1.1934 „Chronik auslandsdeutscher Not"; vgl. AZ 10.1.1934: Für die „vorbildliche organisatorische Arbeit und Werbung im Heidegau Nord des VDA" wird v.d.Ohe vom „Führer Dr. Steinacher" die bronzene Medaille des VDA verliehen.

Wenn sich die „Gleichschaltung" des VDA bis 1937 hinzog, so geschah das nicht, weil v.d.Ohe „als Parteiorgan die Hand über der ungestörten Entwicklung des VDA halten konnte"[245] – das würde seinen Einfluss erheblich überschätzen. Vielmehr waren, wie v.d.Ohe selbst darlegt, außenpolitische Gründe dafür maßgebend.[246] In dieser ersten Phase der NS-Politik ging es um die Konsolidierung der Macht im Innern und den Aufbau des Führerstaates, dazu benötigte man Ruhe in der Außenpolitik und machte daher Friedensbeteuerungen. Hitler selbst hatte aber bereits in „Mein Kampf" „von der heiligen Mission" geschrieben, „nicht nur die geistige und kulturelle Unzertrennlichkeit dauernd zu proklamieren, sondern auch die waffenmäßige Vorbereitung zu treffen für die endliche Befreiung und die Wiedervereinigung der unglücklichen unterdrückten Teile."[247] Wenn also die Macht Deutschlands wiederhergestellt wäre, würde man das Volkstumsproblem gewaltsam lösen. In der Phase des „Proklamierens" konnte eine Organisation wie der VDA, dessen Tätigkeit sich auf eben dieses Proklamieren beschränkte, außenpolitisch nützlich sein und daher zunächst weiterbestehen.

Betrachtet man also vor diesem Hintergrund v.d.Ohes Tätigkeit als Kreisvorsitzender des VDA und seinen frühzeitigen Eintritt in die NSDAP, so scheinen Zweifel an der späteren Darstellung seiner Motive berechtigt. Sein Anwalt behauptet, v.d.Ohe sei erst Ende 1932 in die Partei eingetreten, „so dass er bei der allgemeinen Sichtung jeglicher Organisation mit Recht darauf verweisen konnte, dass er als der Leiter bereits PG war.[248] Der Zeitpunkt des Parteieintritts (nach einer Antragsfrist) dürfte sich dadurch ergeben haben, dass Lehrern wie v.d.Ohe die Mitgliedschaft in der NSDAP bis zum 20. Juli 1932 bei Strafe verboten war.[249] Als er die Entscheidung zum Parteieintritt traf, war die Zukunft für ihn natürlich offen; weder war für ihn abzusehen, ob, wann und in welcher Form Hitler und die NSDAP, als stärkste Reichstagsfraktion, an der politischen Macht in Deutschland beteiligt werden würden, noch musste man mit einer

---

[245] Entnazifizierungsakte Bl. 44-46 Berufung des RA Schröder gegen Einreihungsbescheid (Kat. III), Berufung 27.9.47; Begründung:15.11.47.
[246] Entnazifizierungsakte Bl. 35 Widerspruch v.d.Ohes gegen seine Amtsenthebung, Uelzen, 15.2.1947.
[247] Hitler, Adolf: Mein Kampf, 429.-433. Auflage, München 1939, S. 688.
[248] Entnazifizierungsakte Bl. 44-46 Berufung des RA Schröder gegen Einreihungsbescheid (Kat. III), Berufung 27.9.47; Begründung:15.11.47.
[249] Niemann, Bd. 2, S. 189: Rede v.d.Ohes auf der ersten Mitgliederversammlung des NSLB der Ortsgruppe Uelzen am 23.6.1933.

„allgemeinen Sichtung jeglicher Organisation" rechnen, womit der Anwalt offenbar auf den späteren Prozess der Gleichschaltung abhebt. Hier wird also das Wissen über die tatsächlich abgelaufene Geschichte zurückprojiziert auf die Entscheidungssituation von 1932 – das ist unzulässig.

V.d.Ohes Kalkül, durch seinen Parteieintritt den VDA besser vor der HJ schützen zu können,[250] mag zunächst aufgegangen sein. Als Parteimitglied würde er sich aber durch seine Tätigkeit bewähren müssen und vor allem dürfte er nicht das Missfallen der höheren Parteistellen auf sich ziehen, indem er erkennbar gegen die Partei arbeitete. Er würde sich also anzupassen haben, um nicht wie sein Bundesführer Dr. Steinacher[251], der 1937 von den Nationalsozialisten gewaltsam abgelöst wurde, in eine Sackgasse zu geraten.[252] Dessen Nachfolger, Professor Karl Haushofer, führte den Volksbund weitgehend im Sinne des Nationalsozialismus; er sprach beispielsweise von der „erdumspannenden Bluts- und Schicksalsgemeinschaft aller Deutschen".[253]

Während v.d.Ohe nach Hitlers Ernennung zum Reichskanzler weiter für den VDA tätig war, der zunehmend von der NSDAP „eingerahmt" wurde und an Mitgliedern und Organisationsstrukturen zurückging, arbeitete er gleichzeitig öffentlichkeitswirksam für die NSDAP. Sein Name findet sich auf der NS-Kandidatenliste für die Kommunalwahl (Platz Nr. 10) vom 12. März 1933 und wie Gaafke (Platz Nr. 12) und Pöppelmann (Platz Nr. 1) wurde er zum Bürgervorsteher gewählt. Kaum vier Monate nach seiner Aufnahme in die Partei setzte diese also ihr Vertrauen in ihn und bestellte ihn zum Kandidaten für das Uelzener Stadtparlament. Als gewählter Bürgervorsteher, Schriftführer (Vertreter: Gaafke) und Mitglied der NSDAP-Fraktion trug er in seiner Amtszeit bis Ende 1934 seinen Teil dazu bei, die politischen Gegner zu beseitigen, die Verwaltung zu „reinigen" und die Herrschaft der NSDAP in Uelzen zu etablieren. Ein Bezug zur Politik des VDA ist dabei nicht zu erkennen.

---

[250] Entnazifizierungsakte Bl. 35 Widerspruch v.d.Ohes gegen seine Amtsenthebung, Uelzen, 15.2.1947.

[251] https://wikipedia.org/wiki/Hans_Steinacher (27.5.1892 - 10.1.1971) mit einer ganz anderen Sicht als v.d.Ohe. Bis 1934 habe sich Steinacher selbst als „Reichsführer" bezeichnet; ab Mai 1933 konnten nur noch „Deutschstämmige" Mitglied im VDA werden; im Sommer 1933 wurde der Hitlergruß im VDA eingeführt.

[252] Entnazifizierungsakte Bl. 68 Berufung v.d.Ohes beim Minister für die Entnazifizierung gegen Urteil v. 29.1.1949; Uelzen, d. 11.2.1949.

[253] https://de.wikipedia.org/wiki/Karl_Haushofer; Professor für Geologie (1869-1946). Freund von Rudolph Heß.

Rechtsanwalt Schröder ignorierte diese parteipolitische Tätigkeit v.d.Ohes und behauptete stattdessen, die erfolgreiche Arbeit v.d.Ohes für den VDA in den Jahren 1933 und 1934 [sic!] sei die Ursache dafür gewesen, „dass nun der NS-Lehrerbund begann, gegen den VDA zu arbeiten". Es sei HJ und NSLB bis 1936 gelungen, „die Schulgruppen [des VDA] fast zum Erliegen zu bringen und zwar nicht nur im hiesigen Kreise, sondern im gesamten Reichsgebiet."[254] Um sich nicht völlig zu isolieren, habe v.d.Ohe, wie er selbst angibt, „im Jahre 1936 das Amt eines Ortsgruppenpropagandaleiters – Teil Ortsgruppe Uelzen-West – übernommen. Bis dahin konnte [er sich seiner] Zurückhaltung in parteipolitischen Dingen entsprechend von allen reinen Parteiämtern fernhalten.[255]

Tatsächlich hatte ihn Kreisobmann Remmers[256] am 8. Mai 1933 zum Ortsgruppenobmann des NS-Lehrerbundes für die Stadt Uelzen ernannt. Er übte das Amt aus, bis 1935 an seiner Stelle Wilhelm Lendle eingesetzt wurde. Kreisleiter Brändel hatte dem NSLB während der Bezirkstagung vom Mai 1933 auf den Weg gegeben: „Die Lehrer haben als Jugendbildner eine ganz besondere Aufgabe im nationalsozialistischen Staate. Sie sind als Volkserzieher in Zukunft die ‚SA-Männer der Bewegung'. Darum ist die Gleichschaltung der Lehrerschaft eine ganz besondere Pflicht." Es gelte, die deutsche Jugend „zum Heldentum und zum gesunden Menschentum" zu erziehen.[257] Seit dem 1. Mai 1933 stand der NSLB allen Lehrern offen, nicht nur den Parteigenossen, und die Leitung hatte sich vorgenommen, eine Einheitsorganisation aller Lehrer zu formen.[258] Den Presseberichten zufolge war v.d.Ohe als Ortsgruppenleiter des NSLB sehr rührig,[259] dennoch fand er vor allem unter den Gymnasiallehrern wenig Resonanz. In seiner Eigenschaft als Leiter des NSLB referierte er beispielsweise auf der Mitgliederversammlung der NSDAP Uelzen Anfang 1934

---

[254] Entnazifizierungsakte Bl. 44-46 Berufung des RA Schröder gegen Einreihungsbescheid (Kat. III), Berufung 27.9.47; Begründung:15.11.47.

[255] Entnazifizierungsakte Bl. 35 Widerspruch v.d.Ohes gegen seine Amtsenthebung, Uelzen, 15.2.1947. Vgl. Niemann, Bd. 2, S.731: Bei der Vierteilung der Ortsgruppe Uelzen am 15.8.1938 wurde v.d.Ohe zum Propagandaleiter in Uelzen/Bahnhof bestimmt (Ortsgruppenleiter: Erwin Schulz; Organisationsleiter: Otto Wilkens).

[256] Wilhelm Remmers (28.5.1892 – 21.12.1945), Lehrer in Soltendieck; PG seit August 1932; Kreisobmann des NSLB 1932-34, Kreisschulungsleiter. Entnazifizierung 24.11.1946: Kat IV. Vgl. NLA Hann. Nds. 171 Lüneburg Nr. 64569.

[257] Niemann, Bd. 1, S. 119 und 558.

[258] https://de.wikipedia.org/wiki/Nationalsozialistischer_Lehrerbund.

[259] Niemann, Bd. 2, S. 189, 254, 259ff., 278.

über die Ziele des NS-Lehrerbundes und stellte – übertreibend – fest, heute sei der NSLB die alleinige, so gut wie alle Lehrer umfassende Organisation. „Jagte man früher einem utopischen Menschheitsideal nach, so ist die Erziehung heute bewußt auf den Gedanken des deutschen Volkstums eingestellt. Hierin sieht die Lehrerschaft ihre große und bedeutsame Aufgabe."[260] Das Humboldtsche Bildungsideal, dem sich die Gymnasien verpflichtet fühlten, lehnte er also ab und propagierte als Erziehungsziel „den Gedanken des deutschen Volkstums", den auch der VDA wachhalten wollte. Auch bei anderen Gelegenheiten erinnerte v.d.Ohe im Rahmen des NS-Lehrerbundes an die Anliegen des VDA, indem er beispielsweise auf die „Feste der deutschen Jugend" 1933 und 1934 hinwies;[261] während der Kreistagung des NSLB im Januar 1934 warb v.d.Ohe für die Sammlung des VDA im Rahmen des WHW und informierte die Lehrer über den Aufbau der Kreisgruppe des VDA.[262] Differenzen zu Auffassungen der NSDAP werden dabei allerdings nicht greifbar, dazu ist die Begrifflichkeit zu unscharf. Die Märztagung 1934 des NSLB Rosche hatte die Auslandsdeutschen zum Thema, man knüpfte dabei an eine aktuelle Äußerung Hitlers an, wonach der Volkstumskampf allen Deutschen besonders am Herzen liegen müsse. „Der bewährte Vorkämpfer des VDA in diesem Kreise [Uelzen], Mittelschullehrer v.d.Ohe, Uelzen," habe grundlegende Ausführungen über das bevorstehende Fest der deutschen Schule gemacht und dann eine Rede gehalten über „Auslandsdeutschtum und Nationalsozialismus".[263] Man wird vor dieser Öffentlichkeit keine kritische Auseinandersetzung mit der nationalsozialistischen Position seitens des VDA erwarten dürfen, vielmehr erscheinen NSDAP, NSLB und VDA als Einheit, vereint in der Person v.d.Ohes.

Wilhelm Lendles Ernennung zum Ortsgruppenleiter des NSLB mag v.d.Ohe dann als Rückstufung empfunden haben; dadurch erklärt sich vermutlich seine Kritik am NSLB ab 1935. Aus der Sicht der Partei hatte sich die Einsetzung Lendles als Ortsgruppenleiter des NSLB angeboten, denn von dem neuen, energischen Direktor des Gymnasiums konnte man hinsichtlich der Gleichschaltung insbesondere der Gymnasiallehrer bessere Erfolge erwarten als von einem Mittelschullehrer. Lendle übte tatsächlich erheblichen Druck auf

---

[260] Niemann, Bd. 2, S.388.
[261] Niemann, Bd. 2, S. 414, 259ff.
[262] AZ 26.1.1934 „Kreistagung des NSLB".
[263] Niemann, Bd. 2, S. 414.

sein Kollegium aus, wenn auch das niedrige geistige Niveau der Veranstaltungen des NSLB beklagt wurde. [264]

V.d.Ohe wurde stattdessen am 11.12.1934 zum Ortsgruppenkulturwart ernannt. [265] Als Anfang 1936 die NSDAP-Ortsgruppe Uelzen zweigeteilt wurde,[266] habe er sich „zur Mitarbeit in der Partei [entschlossen], indem er [...] das Amt eines Ortsgruppen-Propagandaleiters[267] in der Teil-Ortsgruppe Uelzen-West übernahm.“[268] Diese Formulierungen des Anwalts sind allerdings irreführend: V.d.Ohe arbeitete bereits seit 1933 aktiv in der NSDAP mit und bevor er selbst über die Annahme eines Amtes entscheiden konnte, musste er, beispielsweise nach erbrachter Leistung, erst einmal von der Parteileitung ernannt werden. Bewährt hatte er sich anscheinend als Kulturwart und durch die Verwaltung der städtischen Volksbücherei, die er von „einer toten Bücherstube [... in] ein lebendiges Kulturzentrum im Leben der Stadt Uelzen“ verwandelt habe, so der Anwalt.[269] Das Amt des Ortsgruppenpropagandaleiters (nach erfolgreicher Tätigkeit als Kulturwart) kam einer besonderen Neigung v.d.Ohes entgegen: „Er hatte seine besondere Befriedigung in der Fest- und Feiergestaltung, aufgebaut auf volkstümlichen Überlieferungen.“ „Anregungen dieser Art hatte v.d.Ohe schon 1923 im Verein für Kunst und Wissenschaft empfangen, nachdem er in seiner jugendlichen Entwicklung den verdienstvollen Kreisen der Wandervogelbewegung nahe gestanden und Sangesgut und Laienspiele gesammelt hatte und lebendig durchgeführt hatte. Bei dieser ihm persönlich liegenden Arbeit wurde ihm schon 1927 die Gestaltung der öffentlichen Feier zur

---

[264] Nanninga, Ungeist, S. 29, 74.

[265] Niemann, Bd. 2, S.527.

[266] Niemann, Bd. 2, S.615. Vgl. S. 604: Bei der Mitgliederversammlung v. 14.1.36 war v.d.Ohe (Harburg!?) als Vertreter des Reichsbundes der Kinderreichen aufgetreten.

[267] Entnazifizierungsakte Opinion Sheet: Er wird als „Ortsgruppenamtsleiter“ tituliert, wohl um deutlich zu machen, dass er dem Führungsstab des Ortsgruppenleiters angehörte.

[268] Entnazifizierungsakte Bl. 44-46 Berufung des RA Schröder gegen Einreihungsbescheid (Kat. III), Berufung 27.9.47; Begründung:15.11.47.

[269] Niemann, Bd. 1, S. 491: Beschluss der Bürgervorsteher zur „Reinigung“ der Bücherei. Dem Anwalt zufolge habe v.d.Ohe die Vorgaben nicht umgesetzt: Deeping blieb ausleihbar (Warwick Deeping (1877-1950), ein eher unbedeutender englischer Schriftsteller); Hans Grimm („Volk ohne Raum“, 1926; Schullektüre seit 1933) und Graf Luckner („Seeteufel“; 1939 Prozess wegen Inzest etc.) wurden angeblich nicht ausgegeben.

Einweihung des Luther-Denkmals übertragen."[270] Seine eigenwillige Gestaltung der Feiern mag den Geschmack der Parteioberen nicht immer getroffen haben, eine Verbindung zur Volkstumsarbeit des VDA, die von der Parteilinie abgewichen wäre, ist damit jedenfalls nicht belegt.

Als 1939 Krieg drohte, wurde v.d.Ohe im August 1939 bis September 1940 zur Wehrmacht eingezogen, nachdem er im April und Mai 1939 an einer Übung teilgenommen hatte. Er leistete zuletzt als Wachtmeister bei der Artillerie in Holland, Belgien und Frankreich Frontdienst. Wegen seiner vier Kinder wurde er danach „uk" gestellt. Ende 1944 setzte man ihn noch einmal als Politischen Leiter in Parteiuniform für die Beaufsichtigung von Befestigungsarbeiten in Arnheim/Holland ein; diese Angaben waren in seinem Fragebogen von 1947 nicht enthalten gewesen. Eine spätere Untersuchung seiner Tätigkeit erbrachte allerdings keine Verfehlungen. Nach Kriegsende wurde er wegen seiner langjährigen Tätigkeit für den VDA, der als verbrecherische Organisation eingestuft war, bis Ende 1946 interniert, von den britischen Behörden aber als „Mitläufer" entlassen.

Auf der Grundlage seines Fragebogens verfügte die britische Militärbehörde am 15. Februar 1947 v.d.Ohes Dienstentlassung als Lehrer, der dieser am 19. Februar widersprach.[271] Sein Kategorisierungsverfahren verzögerte sich zunächst, da er noch Angaben zu seiner Tätigkeit in Holland nachreichen musste. Nachdem er am 26. Juli 1947 vor dem Ausschuss ausgesagt hatte, empfahl die Kammer, ihn als „eifrigen Nazi-Unterstützer" in Kategorie III einzustufen; als Erzieher sei er untragbar; aus seinem „ganzen Benehmen bei der Vorladung" sei zu schließen, dass er „noch heute als überzeugter Nazi zu betrachten" sei. Entsprechend fiel der Einreihungsbescheid vom 5. September 1947 aus.[272]

Am 27. September 1947 legte v.d.Ohe Berufung gegen dieses Urteil ein, der sein Anwalt die schriftliche Begründung am 15. November 1947 folgen ließ. Im August 1948 gab der Öffentliche Kläger bei der Uelzener Polizei Ermittlungen über v.d.Ohe in Auftrag und als der entsprechende Bericht am 20. November 1948 vorlag, regte der Kläger eine mündliche Berufungsverhandlung an.[273] Am 29. Januar 1949 beantragte der Ankläger, v.d.Ohe in Kategorie

[270] Entnazifizierungsakte Bl. 44-46 Berufung des RA Schröder gegen Einreihungsbescheid (Kat. III), Berufung 27.9.47; Begründung:15.11.47.
[271] Entnazifizierungsakte Bl. 35 und 36.
[272] Entnazifizierungsakte Bl. 38 und 41.
[273] Entnazifizierungsakte Bl. 44-46, 49, 52, 54, 57.

III einzureihen, „es wird nicht für tragbar gehalten, dass der Betroffene weiterhin am Orte als Lehrer tätig ist." Der Antrag des Verteidigers ging auf Kategorie IV („Mitläufer") ohne irgendwelche Beschränkungen. Der Spruch der Berufungskammer vom selben Tag hob den Einreihungsbescheid vom 5. September 1947 auf und ordnete v.d.Ohe in Kategorie IV ein, entzog ihm aber als Maßnahme das passive Wahlrecht und verfügte seine Versetzung in ein Amt mit niedrigerem Gehalt.[274]

Dagegen legte v.d.Ohe an höchster Stelle – nämlich beim Minister für die Entnazifizierung in Niedersachsen, Hofmann – Berufung ein und machte Verfahrensfehler geltend.[275] Der Berufung wurde stattgegeben, da das Urteil eine unerfüllbare Maßnahme festgesetzt hatte: V.d.Ohe befand sich bereits in der niedrigsten Gehaltsstufe als Mittelschullehrer, er konnte also nicht weiter herabgestuft werden. Die Neuverhandlung durch dieselbe Berufungskammer fand am 28. September 1949 im schriftlichen Verfahren statt und endete wiederum mit der Einreihung v.d.Ohes in Kategorie IV (Mitläufer) und Entzug des passiven Wahlrechts, aber ohne die zuvor beanstandete Maßnahme. Keinen Zweifel hatte die Berufungskammer daran, dass v.d.Ohe „ein tätiger Unterstützer des Nationalsozialismus gewesen" sei.[276]

Mit der Einschaltung der höchsten Entnazifizierungsinstanz hatte v.d.Ohe große Hoffnungen auf eine Wende verbunden. Einerseits hatte er dem Ministerium umfangreiches Material über den VDA vor 1937 eingereicht, um seine Unschuld zu beweisen;[277] andererseits beantragte er die Vorladung des Polizeiwachtmeisters Henschel, dessen negative Feststellungen über v.d.Ohe Eingang in die Urteilsbegründung gefunden hatten. Im Auftrag des Öffentlichen Klägers hatte Henschel im Spätsommer 1948 beispielsweise mit den Lehrerkollegien gesprochen, in denen v.d.Ohe zuvor tätig gewesen war, und Folgendes erfahren: "Seinem ganzen Wesen nach wird der Obengenannte als ein überzeugter Nationalsozialist angesehen, in dessen Gegenwart ablehnende Kritik an nationalsozialistischen Persönlichkeiten, Massnahmen und Bestrebungen der Partei zu üben, nicht ratsam erschien. Aus diesem Grunde wird die Wiedereinstellung

---

[274] Entnazifizierungsakte Bl. 60 Protokoll der öffentlichen Sitzung am 29. Januar 1949.
[275] Entnazifizierungsakte Bl. 68.
[276] Entnazifizierungsakte Bl. 85, 99, 127.
[277] Entnazifizierungsakte Bl. 73 Erläuterungen, die Arbeit im VDA betreffend (nach Rücksprache mit Ministerialbeamten in Hannover), 19.2.1949.

des Lehrers v.d.Ohe zum Schuldienst vom Schulausschuss einstimmig abgelehnt. Es wurde v.d.Ohe mitgeteilt, sich anderweitig um eine Lehrerstelle zu bewerben, da die Wiedereinstellung wegen seiner politischen, aktiven Betätigung im Naziregime, und auch [wegen] seiner ganzen Persönlichkeit ihn als nicht tragbar hätte erscheinen lassen." Er sei ein zwar guter Organisator gewesen, aber: „In seine Arbeiten ließ er sich nirgends reinreden und auch nicht beraten, verlangte nur fleissige Unterordnung, wirkte dadurch brüsk, manchmal verletzend, ohne dass dies ihm aber persönlich klar wurde. Er wird allgemein als ein großer Egoist, sowie [als] der „unangenehme Untergebene" bezeichnet."[278] Insbesondere die ersten beiden Behauptungen wollte v.d.Ohe durch Befragen Henschels im Verfahren widerlegen."[279] Die Entscheidung der Berufungskammer zum schriftlichen Verfahren machte v.d.Ohes Hoffnungen jedoch zunichte.

Sein Narrativ, er sei kein aktiver Nazi gewesen und nur in die Partei eingetreten, um unbehelligt für den VDA arbeiten zu können, hat also insgesamt die Entnazifizierungskammern nicht überzeugt. Auch aus heutiger Sicht widerspricht es der historischen Situation und den überlieferten Tatsachen.
Was ist von seiner weiteren Aussage zu halten, er sei aus „Idealismus" in die NSDAP eingetreten? Er benennt keine „Idee", an der er sein politisches Verhalten auszurichten gedenkt, und will wohl nur betonen, dass er sich keine materiellen Vorteile von seinem Parteieintritt versprach. Sein Glaube an Hitlers guten Willen und Friedensliebe hätte sich leicht überprüfen lassen: In „Mein Kampf" werden die Nah- und Fernziele seiner Politik klar benannt und es wird kein Hehl daraus gemacht, dass die längerfristigen, wie beispielsweise die Lösung der Volkstumsfrage, sich nur gewaltsam erreichen lassen. Wer diesen Hintergrund außer Acht lässt, handelt leichtfertig, fahrlässig, verantwortungslos.

---

[278] Entnazifizierungsakte Bl. 52 Ermittlungsbericht des Pol.-Wachtmeisters Henschel, Uelzen, 20.11.1948.
[279] Entnazifizierungsakte Bl. 95.

KÖNIG, HELMUTH

Helmuth König, der Rektor der Mittelschule in Uelzen seit dem 1. April 1932, wurde am 14. Juni 1945 von den britischen Besatzungsbehörden verhaftet, seines Amtes enthoben und vom 12. September 1945 bis zum 15. Mai 1948 im Lager Fallingbostel interniert. Wegen seiner Zugehörigkeit zum Korps der Politischen Leiter der NSDAP verurteilte ihn das Spruchgericht Benefeld-Bomlitz am 26. Februar 1948 zu einem Jahr und drei Monaten Gefängnis. In Höhe von einem Jahr wurde die Strafe durch die Internierungshaft für verbüßt erklärt. König legte Revision beim Obersten Spruchgerichtshof Hamm ein, der das Urteil der Vorinstanz am 28. Juli 1948 aufhob und die Sache zur Neuverhandlung an das Spruchgericht Stade verwies. Nunmehr wurde er am 9. November 1948 zu 500 DM Geldstrafe, hilfsweise zu 25 Tagen Gefängnis, und zu den Kosten des Verfahrens, einschließlich der Kosten des Revisionsverfahrens, verurteilt. Die Strafe war verbüßt durch die erlittene Haft. Dieses Urteil galt nicht als Vorstrafe.[280]

Im Dezember wurde König dann der Fragebogen des Ministers für die Entnazifizierung vom 12. November 1948 zugesandt. Auf der Grundlage von Königs Angaben entschied der Ausschuss für höhere Verwaltungsangestellte im schriftlichen Verfahren auf Antrag des öffentlichen Klägers vom 26. Februar 1949: König wird als Unterstützer (Kat. IV) eingeordnet; ihm wird die Wählbarkeit abgesprochen und auf die Dauer von 5 Jahren soll er nur als einfacher Lehrer bei einer Mittelschule beschäftigt werden.[281] König akzeptierte das Urteil, bat aber wiederholt um Herabsetzung der Verfahrenskosten von 150 DM.[282]

Einerseits als Politischer Leiter viele Monate interniert und schließlich bestraft, andererseits lediglich als Unterstützer und Mitläufer beurteilt – wie passen

---

[280] NLA HA Nds. 171 Lüneburg Nr. 111646, Fragebogen 3.12.1948 und Abschrift des Spruchkammerurteils vom 9.11.1948 der Spruchkammer Stade. – Auch die folgenden Dokumente stammen aus dieser Akte, sofern nichts anderes angegeben ist.

[281] Entnazifizierungs-Spruch-Ausschuß für höhere Verwaltungsbeamte, 26.2.1949.

[282] Schreiben Königs an den Vorsitzenden des Entnazifizierungsausschusses für höhere Verwaltungsbeamte, 23.5.1949; Bitte um Herabsetzung auf 20 DM. Sein Antrag v. 23.3.49 war nicht berücksichtigt worden. [Bl. 563] Schreiben Königs an den Öffentlichen Kläger, 18.6.1949 wg. Herabsetzung der Verfahrensgebühr.

diese beiden Sichtweisen von Königs Verhältnis zum Nationalsozialismus zusammen?

Königs beruflicher Werdegang charakterisiert ihn als ehrgeizig, fleißig und zielbewusst. Geboren in Berlin am 14. März 1894 als Sohn eines Tischlermeisters, besuchte König nach seiner Schulentlassung die Präparandenanstalt in Potsdam und danach das Lehrerseminar in Königsberg/Neumark. Im März 1914 legte er die erste Lehrerprüfung ab. Anfang 1915 wurde er zur Wehrmacht eingezogen und 1917 freigestellt, nachdem er verschüttet worden war. Ihm wurden das EK II, die Österreichische Tapferkeitsmedaille und das Verwundetenabzeichen in Schwarz verliehen. 1919 bestand er seine zweite Lehrerprüfung, 1921 die Rektorprüfung und im Mai 1922 die Mittelschullehrerprüfung. Er war bis 1925 an der Volksschule in Driesen/Neumark tätig, 1925 bis 1932 an der Mittelschule in Neudamm/Neumark.[283]

Über sein öffentliches Engagement berichtet König selbst: „Auf den Schlachtfeldern des ersten Weltkrieges wurde mir meine Pflicht gegen Heimat und Volk zum bestimmenden Erlebnis. Ich stellte mich im Kampf um die Volksabstimmungen in West- und Ostpreußen als Helfer zur Verfügung (Driesen Nm.). Von meinem geringen Einkommen stellte ich dem Bund Deutscher Bodenreformer (Adolf Damaschke) 1000 Mark zur Verfügung und erwarb die Ehrenmitgliedschaft. Als Mitglied der Deutschen Volkspartei (Stresemann) nahm ich aktiv am politischen Leben teil. Meine Wahl zum Mittelschulrektor in Uelzen (1932) erfolgte auf Grund meiner beruflichen Bewährung ohne jeden politischen Einfluss!"[284] Letzteres wird durch seinen Amtsvorgänger Heinrich Meyerholz[285] bestätigt, der Ende 1948 erklärte, König sei aus einer großen Bewerberzahl ausgewählt worden. „Hervorzuheben ist seine rednerische Befähigung. Er versteht es, auch schwierige Gegenstände anschaulich und populär und damit wirkungsvoll darzustellen." Ex-Bürgermeister Farina schrieb, König sei auf seinen Vorschlag hin 1932 zum Rektor berufen worden. „In der Schulleitung hat er stets sachlich und frei von jeder Parteipropaganda sein verantwortungsvolles Amt geführt."[286] Dr. Ernst Zimmermann schließlich, der ehemalige Direktor des Lyzeums, lobte im November 1948 die gute Zusammenarbeit mit König: „Besonders wertvoll war mir seine Mitarbeit bei der

---

[283] Fragebogen des Ministers für die Entnazifizierung, 12.11.1948.
[284] Begleitbericht Königs aufgrund der Leumundszeugnisse.
[285] Egge, Reimer: Bürgermeister – Ehrenbürger – Stadtdirektoren, Uelzen 2013, S. 62-64.
[286] Leumundszeugnisse, Bl. 7 und 6.

grundsätzlichen Regelung des Übergangs der Kinder von der Grundschule auf weiterführende Anstalten im Sinne der Ideen und Vorschläge des Weimarer Staates, zugleich im Sinne der Förderung des begabten Kindes, dessen Eltern zu den wirtschaftlich Schwachen gehörten. […] Er war der berufene Leiter einer Schule, ja es stand ihm wohl zu, dank seiner unermüdlichen Weiterarbeit auf pädagogischem, wissenschaftlichem und verwaltungstechnischem Gebiet in der Schulverwaltung in höhere Dienststellen aufzusteigen. Mit dem Jahre 1933 verschloss sich ihm diese Zielsetzung seines Lebens, ja er lief nun Gefahr, sein ihm so liebes Amt zu verlieren und damit die Möglichkeit der Fürsorge für seine Familie in Frage gestellt zu sehen."[287]

Zimmermann insinuiert hier, dass Königs Karriere durch Hitlers Machtübernahme unterbrochen worden sei und ihm sogar ein Berufsverbot gedroht habe. Sein Beitritt zur NSDAP am 1. Mai 1933 sei also, wie auch Gustav Matthias, der ehemalige Rektor der Volksschule in Uelzen, urteilte, „aus amtlichen Gründen und im Interesse der Familie erforderlich" gewesen, noch im Herbst 1932 habe sich König jedoch „mit heftigen Worten gegen die Partei" ausgesprochen.[288] Der Mittelschullehrer Walter Wallmann,[289] der seit 1937 in Uelzen tätig war, bezeugte ebenfalls eine Aussage Königs, dass „er im Interesse seiner Familie – damals 3 Kinder, das vierte wurde erwartet – habe der NSDAP beitreten müssen."[290] So jedenfalls lautete in der Nachkriegszeit die gängige Rechtfertigung für den Eintritt in die NSDAP.

Im Falle Königs kam jedoch ein besonderer Aspekt hinzu: Er war Freimaurer gewesen und wurde „als solcher von der Partei beargwöhnt", wie Wallmann formulierte. König schrieb 1948 zu den Gründen für seinen Parteieintritt: „Einer Aufforderung zur Mitarbeit am Wiederaufbau versagte ich mich nicht. Als ehemaliger Freimaurer musste ich mit Schwierigkeiten rechnen, ja um mein Amt und die Existenz meiner Familie fürchten."[291] Danach scheint die Uelzener NSDAP sich zunächst um König bemüht zu haben – was durchaus plausibel erscheint, da er als Mittelschulrektor einflussreich und als begabter Redner bekannt war. Als man jedoch feststellte, dass er einer Freimaurerloge angehörte,

---

[287] Leumundszeugnisse, Bl. 8.
[288] Leumundszeugnisse, Bl. 9: Erklärung des Gustav Matthias, Rektor i.R., 6.11.1948.
[289] Walter Wallmann, geb. 10.5.1899 in Hanum/Klötze, gest. 5.6.1975 in Uelzen.
[290] Leumundszeugnisse, Bl. 11 Erklärung des Mittelschullehrers Walter Wallmann, 16.11.1948.
[291] Begleitbericht Königs.

wurde sein Aufnahmeantrag abgelehnt.[292] Am 21. Januar 1933 kündigte König daher seine Mitgliedschaft in der Loge „Friedrich Wilhelm zum goldenen Zepter in Küstrin", der er seit dem 6. Juni 1928 angehört hatte. Die NSDAP nahm ihn nun zum 1. Mai 1933 als Mitglied (Nr. 2.624.015) auf,[293] nachdem er „die Versicherung abgegeben [hatte, dass er durch seinen] Austritt sich von dem der Loge geleisteten Eide gelöst [fühle] und alle Bindungen zu ihr aufgegeben" habe.[294] Er trat auch dem NS-Lehrerbund[295] und der NSV bei und wurde 1934 Mitglied des VDA.

Seit dieser Zeit habe sich König, wie aus einem Schreiben der Gauleitung Hannover von 1941 erhellt, „der Partei restlos zur Verfügung gestellt" und sei „zu jedem Einsatz freudig bereit" gewesen.[296] Der Oberste Partei-Richter verbot jedoch am 8. Januar 1934 den ehemaligen Freimaurern, in der Partei oder ihren Organisationen irgendein Amt zu bekleiden. Am 1. Februar 1934 wurde König durch den damaligen Kreiswart des NSLB[297] informiert, dass er sich als ehemaliger Freimaurer bis zu einer Entscheidung des Gaus jeder politischen Betätigung zu enthalten habe. In einem ihm zugesandten Fragebogen vom 6. März 1934 bekannte sich König zu seiner Logenmitgliedschaft zwischen dem 6. Juni 1928 und dem 21. Januar 1933. Das Gaugericht sprach ihm darauf am 28. Februar 1935 die Führereigenschaft auf Lebenszeit ab. Er könne zwar Parteimitglied sein, da er sich vom Freimaurertum distanziert habe. „Es ist aber nicht möglich, dass ehemalige Logenmitglieder ein Amt in der Partei oder einer ihrer Gliederungen einnehmen, da die Erfahrung bestätigt, dass ehemalige Freimaurer aufgrund ihrer logenmässigen Erziehung das Ideengut des Nationalsozialismus nicht so wahren, wie es zu seiner Erhaltung unbedingt notwendig ist."[298]

---

[292] Leumundszeugnisse, Bl. 9: Erklärung des Gustav Matthias, Rektor i.R., 6.11.1948.

[293] Die Formulierung in den Akten, König sei der NSDAP beigetreten, wird den Tatsachen nicht gerecht.

[294] Urteil des Gaugerichts vom 28.2.1935.

[295] Niemann, Bd. 2, S. 189: Bei der 1. Mitgliederversammlung des NSLB am 23.6.1933 berichtet König über die Gautagung in Harburg.

[296] Urteil der Entnazifizierungskammer v. 26.2.1949.

[297] Wilhelm Remmers (28.5.1892 – 21.12.1945), Lehrer in Soltendieck; PG seit August 1932; Kreisobmann des NSLB 1932-34, Kreisschulungsleiter. Entnazifizierung 24.11.1946: Kat IV. Vgl. NLA HA Nds. 171 Lüneburg Nr. 64569.

[298] Urteil des Parteigerichts vom 28.2.1935.

König fühlte sich durch dieses Urteil „diffamiert und deklassiert". „Es war gefällt worden, ohne dass ich auch nur gehört worden war! Ich habe darunter vor allem seelisch gelitten."[299] Wenn König durch das Urteil auch in seinem Ego verletzt wurde, so war anscheinend weder seine Existenz noch die seiner Familie in Gefahr geraten. Hätte ihm das Gaugericht eine Anhörung gewährt, so hätte er im Übrigen darlegen müssen, dass er ein überzeugter Nationalsozialist war.

Über Königs Tätigkeit in den folgenden beiden Jahren schweigen sich die Quellen weitgehend aus. Als im Dezember 1935 über dem Gebäude der Mittelschule die HJ-Fahne gehisst wurden durfte, weil über 90% der Schüler und Schülerinnen der Hitlerjugend angehörten, würdigte König als Mittelschulrektor das Ereignis in einer Rede und reichte dem Unterbannführer der HJ „die Hand mit dem Gelöbnis weiteren Hand-in-Hand-Arbeitens."[300]

Für 1938 berichtet König, dass er beim Gauschulungsleiter (wohl Gauleiter Telschow[301]) denunziert, von ihm zur Rede gestellt und zu einem dreiwöchigen Lehrgang auf der Gauschulungsburg Uelzen berufen worden sei. Er absolvierte diesen Lehrgang mit so großem Erfolg, dass das Gaugericht den negativen Eintrag in seinem Parteibuch löschte und König 1939 auf einen weiteren dreiwöchigen Lehrgang auf der Reichsschulungsburg Erwitte berufen wurde – derartige Lehrgänge waren Ortsgruppenleitern und ähnlich hochgestellten Mitgliedern des Führungskorps vorbehalten.

Seine frühere Logenzugehörigkeit behinderte aber weiterhin seine schulische Karriere. 1939 wollte sein Dienstvorgesetzter, Oberregierungsrat Behrens-Lüneburg, König aufgrund seiner Leistungen als Schulleiter auf die Vorschlagsliste für den Schulratsposten setzen. Aber die Partei habe das verboten. 1941 wurde auf Anordnung des Reichsministers für Wissenschaft, Erziehung und Volksbildung überprüft, ob er als Schulleiter noch tragbar sei. Weiter berichtet König: „Das Gesetz v. 26.4.1942 gefährdete mich schwer! Nach ihm konnte der Führer und Reichskanzler über alle wohlerworbenen Rechte hinweg maßregeln. Hätte ich 1943 meinen Sohn, der für die AHS [Adolf-Hitler-Schule] vorgesehen war, nicht nach Pirna [auf die dortige AHS] geschickt, so hätte meine Familie mit mir Schlimmes erfahren." Bezeugt wurden diese Vorgänge

---

[299] Begleitbericht Königs auch für das Folgende.
[300] Niemann, Bd. 2, S. 599 „Lehrer und Schüler sammeln vereinigt" (21./22.12.1935).
[301] Zu Telschow: Niemann, Bd. 3, S. 195; https://ia804705.us.archive.org/16/items/telschow-hitlers-gauleiter-in-osthannover.

1948 durch Heinrich Schneider: „Aus meiner Tätigkeit in der Gauwaltung des NSLB (Gau Ost-Hannover) ist mir bekannt, daß im Sommer 1941 auf Anordnung des Reichsministers für Wissenschaft, Erziehung und Volksbildung alle Schulleiter, die ehemals einer Freimaurerloge angehört hatten, von der zuständigen Gauleitung zu überprüfen waren. Der zuständigen Regierung war entsprechend zu berichten. […] Noch im Sommer 1942 ist im Gauschulungsamt erwogen worden, ob König wegen seiner ehemaligen Logenzugehörigkeit aus der politischen Arbeit nicht besser ganz herausgenommen würde."[302]

Schneider war der letzte Kreisleiter in Uelzen gewesen, der den Kampf bis zum letzten Mann gegen die seit dem 13. April 1945 auf Uelzen vorrückenden britischen Truppen befohlen hatte und so für die schweren Zerstörungen in Uelzen wie auch die Exekution des Hauptmann Marquardt verantwortlich war, er selbst hatte sich allerdings rechtzeitig abgesetzt.[303] Wie König wurde er bis 1948 im Lager Fallingbostel interniert. Die beiden Herren kannten einander anscheinend aus dem Lager wie auch von Schneiders früherer Tätigkeit als Gauschulungsleiter.[304] Sein Zeugnis dürfte zwar Gewicht haben, letztlich lässt sich jedoch auch auf dieser Grundlage nicht sicher beurteilen, wie konkret die existenzielle Bedrohung für König und seine Familie tatsächlich war.

Innerhalb der Partei konnte König hingegen seit 1938 im Schulungswesen Karriere machen, wohl auch, weil die Partei sein großes Rednertalent nutzen wollte. Wegen der rasanten Zunahme an Ortsvereinen und Parteimitgliedern seit etwa 1930 und insbesondere seit Hitlers Ernennung zum Reichskanzler war es notwendig geworden, ein möglichst reichseinheitliches Schulungssystem für die Mitglieder einzurichten, damit die ideologische Stabilität der Partei gewahrt blieb. Wer in die NSDAP eintrat, musste nämlich nicht von Beginn an ein überzeugter Nazi gewesen sein, sollte vielmehr zunächst einer gründlichen ideolo-

---

[302] Leumundszeugnisse, Bl. 23: Heinrich Schneider, Wendisch-Evern, 20.9.1948.

[303] https://geschichtswerkstatt-uelzen.org/1-die-eroberung-der-stadt/2-die-ermordung-hauptmann-marquardts/3 der-gewaltsame-abtransport. Egge, Reimer: Vom Stresemann zum Braunhemd - Uelzen von 1918 bis 1945, Uelzen 1985, Nachdruck, Uelzen 2004, S. 123ff. Egge, Reimer: Der Weg in die Demokratie. Uelzen von 1945 bis 1955, Skript zur Ausstellung vom 25. September bis 15. Oktober 2004 im Rathaus Uelzen. Niemann, Bd. 3, S. 188-190.

[304] Niemann, Bd. 3, 14.9.1944: Schneider als Kreisleiter und Leiter des Gauschulungsamtes.

gischen Schulung unterzogen werden. Bis 1938 entstand ein hierarchisch ge-
gliedertes Schulungssystem, das nicht dem Ministerium für Propaganda, sondern dem Reichsorganisationsleiter Robert Ley[305] unterstand.

Nach seinem Willen sollte die Schulung in den Ortsgruppen und in noch ein-
zurichtenden Führerschulen und in drei Aufgabenbereichen stattfinden: im
weltanschaulich-geistigen, fachlich-praktischen und körperlichen Bereich.
„Das Ziel der Schulung sollte die Erziehung der unteren Hoheitsträger zu weltanschaulichen, politischen Offizieren sein.“[306]

Bereits im April 1933 wurden in allen Gauen Gauschulungsämter und Kreis-
schulungsämter eingerichtet, die für die einheitliche Schulung insbesondere der
neu eingetretenen Parteigenossen, aber auch der Politischen Leiter zu sorgen
hatten. Im Mittelpunkt der Maßnahmen standen die Ortsgruppen: „Um zunächst die gesamte Parteimitgliedschaft verstärkt mit der NS-Ideologie vertraut
zu machen, mussten in bestimmten Zeitabständen regelmäßig ‚Block- und Zel-
lenabende‘ stattfinden, in deren Rahmen die Besprechung weltanschaulicher
Themen vorgesehen war. Der Sinn dieser ‚Basisschulung‘ lag in der Vermitt-
lung eines ‚notwendigen Rüstzeuges für die Erfassung der noch Außenstehen-
den‘, einer thematischen Diskussions- und Überzeugungsgrundlage gegenüber
den dem Regime noch kritisch gegenüberstehenden Personen. Mindestens
gleichberechtigt war jedoch auch das Vorhaben, die vielen Parteimitglieder auf
die langfristigen Ziele des Nationalsozialismus einzuschwören: die Bekämp-
fung politisch Andersdenkender und die Verfolgung der jüdischen Bewohner
in der Ortsgruppe sowie eine nachhaltige Einstimmung auf eine aggressive Außenpolitik Hitlers.“[307] Wenn also in den späteren Entnazifizierungsverfahren
wiederholt behauptet wird, man habe das wahre Gesicht des Nationalsozialismus und Hitlers Ziele nicht gekannt, so erscheint das unglaubwürdig.

Die Politischen Leiter und sonstigen Hoheitsträger, die dem Ortsgruppenleiter unterstellt waren, hatten an Ortsgruppenschulungsabenden teilzunehmen,
die vom Ortsgruppenschulungsleiter organisiert wurden: „Zunächst sollte ein
Vortrag über ein weltanschauliches oder politisches Thema gehalten werden,
etwa zwischen einer halben und einer dreiviertel Stunde lang. Danach bestand

---

[305] https://de.wikipedia.org/wiki/Robert_Ley. Robert Ley (15.2.1890 – 25.10.1945).
[306] Reibel, Carl-Wilhelm: Das Fundament der Diktatur: die NSDAP-Ortsgruppen 1932 –
1945, Paderborn 2002, S. 178.
[307] Reibel, Fundament, S. 178f.

Aus dem Privatbesitz v. Prof.Dr. em. Armin Dittmann, Tübingen. Mittelschule Uelzen, Abschlussklasse 1939; in der Mitte der 1. Reihe: Helmuth König, direkt hinter ihm die Mutter von Prof. Dittmann. Etliche der abgebildeten Lehrer erkennbar ohne Parteiabzeichen.

für die Versammelten entweder die Möglichkeit, über das Gesagte zu diskutieren oder die Thematik in Arbeitsgemeinschaften noch am selben Abend zu vertiefen. Während der Schulungsabende sollten auch ‚Kampflieder' einstudiert werden, die zu besonderen Anlässen, aber auf jeden Fall immer auch während eines Schulungsabends selbst gesungen werden mussten."[308] Für die Vorträge waren beim zuständigen Kreisschulungsamt Parteiredner anzufordern, an die die Partei hohe Ansprüche stellte. Einmal pro Jahr sollten die Hoheitsträger auch an einem mehrwöchigen Kurs an einer Gauschulungsburg teilnehmen und für Ortsgruppenleiter waren Kurse an einer der Reichsschulungsburgen vorgesehen. Seit Ende 1933 wurden die Leistungen der Kursteilnehmer in Begutachtungsbögen benotet; diese Beurteilungen bildeten eine wichtige Grundlage für die Auswahl geeigneter Führer.[309]

Bis 1938 konsolidierte sich das Schulungswesen. Die vermehrten Einberufungen zur Wehrmacht seit 1938 belasteten den Personalbestand der Schulungsämter, die Anzahl der Aufgaben nahm dagegen sogar noch zu. Nachdem im Dezember 1937 eine Einigung über die Abgrenzung der Kompetenzen zwischen Robert Ley und Alfred Rosenberg[310] erzielt worden war, wurde dem Hauptschulungsamt auch die organisatorische Betreuung des Büchereiwesens in den Ortsgruppen übertragen.[311] Die neu gebildete Hauptstelle Büchereiwesen im Hauptschulungsamt wies die zuständigen Hauptstellen in den Gauen und Kreisen an, sich einen Überblick über die bestehenden Ortsgruppenbibliotheken zu verschaffen; den Bibliotheken wurde sodann ein bestimmtes Ordnungssystem vorgeschrieben und eine Grundliste der genehmigten Literatur zugesandt. Diese Fach- und Präsenzbibliotheken standen den Parteigenossen und vor allem dem Führungspersonal der NSDAP offen und bildeten ein wichtiges Fundament im Schulungswesen. Während des Krieges wurde die Schulungstätigkeit intensiv fortgeführt, damit die Parteimitglieder in die Lage versetzt wurden, der Bevölkerung die neuesten Entscheidungen der Führung nahezubringen und den Glauben an den Endsieg zu nähren. Von den Politischen Leitern in den

---

[308] Reibel, Fundament, S. 182; vgl. Niemann, Bd. 2, S. 295, 401, 583 „Die Grundschulung beginnt", 14.10.1934.
[309] Reibel, Fundament, S. 214f.
[310] Alfred Rosenberg (12.1.1893 – 16.10.1946). https:// www.deutsche-biographie.de: Seit dem 27.1.1934 aufgrund eines Hitler-Auftrags „Beauftragter des Führers für die Überwachung der gesamten geistigen und weltanschaulichen Schulung und Erziehung der NSDAP".
[311] Reibel, Fundament, S. 208.

Ortsgruppen verlangte man beispielsweise als Teil der praktischen Schulung, dass sie Hausbesuche machten, Hinterbliebene betreuten, Feiern gestalteten sowie für gute Stimmung in Familie, Betrieb und Öffentlichkeit sorgten und nicht zuletzt Gerüchte bekämpften.[312]

Stadtarchiv Uelzen StA UE S 802298.

Helmuth Königs Karriere im Schulungswesen der NSDAP scheint durch die steigende Nachfrage nach geeignetem Lehrpersonal und durch den von oben befohlenen Aufbau von Fachbibliotheken maßgeblich gefördert worden zu sein, trotz seiner Vergangenheit als Freimaurer. Nachdem er im Sommer den Lehrgang in der Gauschulungsburg Uelzen[313] erfolgreich absolviert hatte, strich das Gaugericht den negativen Eintrag in seinem Parteibuch und öffnete

---

[312] Reibel, Fundament, S. 201.
[313] Zu den dortigen Lehrern gehörte Friedrich von Behren (1883-1964), vgl. de Lorent, Hans-Peter: Täterprofile, Bd. 3, Hamburg 2019, S. 543-551. Er war Leiter des Reformgymnasiums Wilhelmsburg. Als Mitarbeiter des Rassenpolitischen Amtes unterrichtete er in Uelzen Erbbiologie, deutsche Rassenpflege und Bevölkerungspolitik.

ihm damit den Weg in Führungspositionen. Im Oktober 1938 übertrug ihm Kreisleiter Brändel die Hauptstelle Büchereiwesen im Kreisschulungsamt. Königs Aufgabe bestand in der Bestandsaufnahme aller parteieigenen Bibliotheken im Kreis und der Ergänzung der Bestände im Sinne der nationalsozialistischen Ideologie.[314] 1939 nahm König an einem dreiwöchigen Lehrgang auf der Reichsschulungsburg Erwitte teil;[315] er gehörte also zum Kreis der NS-Führer. Vom Militärdienst wurde er zurückgestellt, da die Regierung in Lüneburg ihn reklamiert hatte (er wurde „uk" gestellt).

Außerdem war König seit Januar 1940 Kreiswart im Reichsbund der Kinderreichen,[316] seit dem 1. September 1943 Kreisbeauftragter für das Rassenpolitische Amt, schließlich Mitglied der NSV, des NSLB, des VDA, des NS-Reichskolonialbundes (seit 1939), des Reichsbundes für Kinderreiche, des Reichskriegerbundes (seit 1938) und des Reichsluftschutzbundes (seit 1938). Für Königs Austritt aus der Kirche im Oktober 1941 führt er „persönliche Gründe" an, dies wird nicht hinterfragt. Üblicherweise forderte die Partei allerdings die Politischen Leiter zum Kirchenaustritt auf.

Sein weiterer Werdegang im Schulungssystem wird durch die Spruchkammer Stade 1948 folgendermaßen zusammengefasst: „Er wurde als Redner, zuletzt als Gauredner, eingesetzt und war einer der fleißigsten Mitarbeiter im Kreise Uelzen." Seit 1938 sei er Kreisschulungsredner gewesen. Etwa 1942 oder 1943 habe der Kreisleiter ihn auf Anregung einer Versammlung der Kreisschulungsredner zum Leiter des Rednerwesens, eine Hauptstelle im Kreisschulungsamt, ernannt. Am 1.9.1943 sei er Gauschulungsredner geworden und habe außerdem Vorträge und Reden vor Offizieren gehalten. Er sei im Dezember 1943 drei Wochen bei der Truppe vor Leningrad und im Herbst 1944 in Norwegen gewesen. „Im Jahre 1943 wurde er, da ein Stellvertreter für den zur Wehrmacht eingezogenen Kreisschulungsleiter nicht ernannt worden war, zusätzlich mit der Erledigung der laufenden Arbeiten und Geschäfte dieses Amtes beauftragt. Er gibt an, etwa 10mal die Rednerbesprechungen geleitet, Rednermaterial verteilt, über Schulungsveranstaltungen die monatliche Statistik erstellt und den Kreisbesprechungen beigewohnt zu haben, soweit bei diesen

---

[314] Reibel, Fundament, S. 206: Die Finanzierung erfolgte durch „freiwillige" Beiträge der Ortsgruppen.
[315] Reibel, Fundament, S. 216f.; http://www.lostareas.de/Sonstiges/Reichsschulungsburg_Erwitte/Horst-Wessel_Halle_Erwitte.htm.
[316] Niemann, Bd. 3, AZ vom 23.1.1940.

Schulungsfragen zur Erörterung standen. Diese Tätigkeit übte der Angeklagte bis zum Zusammenbruch aus."[317]

König selbst erklärte etwas verharmlosend in einem Zusatz zu seinem Fragebogen: „Die Partei setzte mich (Freimaurer) erst seit 1938 gelegentlich zu Vorträgen an. Erst am 1.9.1943 erhielt ich einen Schulungsrednerausweis (Gaugebiet), mit der Einschränkung auf das „Sachgebiet Geschichte". Themen, über die ich mehrfach – auch vor der Gendarmerie und Wehrmacht – Vorträge gehalten habe: Das Mittelmeer als weltpolitische Kampfbühne – Die nationale Kräftelagerung der großen Mächte – Von Rurik zu Lenin (ein Jahrtausend russischer Geschichte) – Deutsche Geschichte und Grenzlandschicksale – Geschichte des modernen Sozialismus."[318] Presseberichte bestätigen, dass König seit November 1938 zu Vorträgen vor Ortsgruppen der Partei und des NSLB herangezogen wurde; thematisch ging es dabei um Hitlers Werdegang, Führertum und Volksgemeinschaft oder, im Oktober 1940, um die Frage „Worum es in diesem Krieg geht und wie es dazu kam".[319] Im März 1943 trat er als „Gauredner" bei der Verpflichtungsfeier auf und schon im Mai 1943 wurde er als „Gauschulungsredner" bezeichnet.[320] Wenige Wochen nach der Niederlage bei Stalingrad hielt er am 20. Mai 1943 vor der Ortsgruppe in Wriedel einen Vortrag über die Erfolge des Krieges nicht nur auf militärischem, sondern auch auf politischem Gebiet.[321] Ein solcher Schulungsvortrag gab den Parteigenossen Argumentationshilfen an die Hand, wie die Siegeszuversicht der Bürger auch angesichts der Katastrophe von Stalingrad erhalten werden konnte. Ein Anspruch auf Wahrheit wird mit einem solchen Vortrag nicht eingelöst.

Die Wissenschaftlichkeit und Sachlichkeit von Königs Vorträgen hingegen wurden im Nachhinein auch in den Leumundszeugnissen herausgestellt. Kollege Wallmann lobte Königs rednerische Begabung und urteilte als Historiker: „Alle Vorträge, die ich von ihm hörte, zu allermeist geschichtliche Themen,

---

[317] Abschrift des Spruchkammerurteils vom 9.11.1948, Spruchkammer Stade.
[318] Anlage zu Frage 30 des Fragebogens (König).
[319] Niemann, Bd. 2, S. 761, 783; Bd. 3: Anfang März 1940, 24.10.1940, 21.4.1941, 29.11.1942. Außerhalb des Kreisgebiets könnten weitere Auftritte stattgefunden haben.
[320] Niemann, Bd. 3, 29.3.1943, 17.5.1943 „Unsern Müttern zur Ehre"
[321] Niemann, Bd. 3, 21./22.5.1943.

atmeten strengste Wissenschaftlichkeit, tiefes Verantwortungsbewusstsein gegen das deutsche Volk und männliche Bestimmtheit."[322] Und Polizeihauptmann a.D. Fehlhaber schrieb 1948: „Schulungsvorträge, die König bei den Kreisdienstversammlungen abhielt, habe ich mit meinen Beamten regelmäßig gehört. Seine Vorträge wurden mit großem Interesse und Genugtuung aufgenommen, weil sie rein wissenschaftlicher und pädagogischer Art waren" und keine Hetzpropaganda enthielten.[323] Propagandaredner sei er nicht gewesen, so betont auch König. Das ist zweifellos korrekt, denn König war ja dem Schulungswesen, nicht aber dem Propagandabereich zugeteilt.

Seine Tätigkeit als Parteiredner vollzog sich allerdings nicht in einem politischen Vakuum. Historische Themen scheinen zunächst einmal unverdächtig, zugelassen waren allerdings nur solche Themen, die sich im Sinne der NS-Ideologie ausbeuten ließen. Aus den genannten Vortragstiteln allein lässt sich zudem noch nichts über den konkreten Inhalt seiner Vorträge entnehmen. Thematisch und inhaltlich hatten sich die Schulungsredner grundsätzlich nach den Vorgaben der Partei zu richten, wie sie in den Schulungsbriefen und der Fachliteratur in den Parteibibliotheken niedergelegt waren; wer von der Parteilinie abwich, brachte sich in Gefahr. Gerade für die Behandlung historischer Themen galten strenge ideologische Vorgaben. Wallmann berichtet von einem solchen Beispiel. Bei einer Geschichtstagung der Mittelschullehrerschaft in Bevensen im Jahre 1938 hatte er einen Vortrag über das „Verdener Blutgericht" von 782 gehalten. Karl der Große hatte damals angeblich 4500 Sachsen köpfen lassen.

Himmler und die NSDAP nutzten diese Geschichte zur Polemik gegen Karl den Großen als „Sachsenschlächter", stilisierten die Sachsen zu Märtyrern und ließen im Verdener „Sachsenhain" 4500 Findlinge zum Gedenken setzen. Die historische Quelle, auf der diese Geschichte basierte, war in der Forschung schon damals seit fast 50 Jahren höchst umstritten. Auf dieser Kritik hatte Wallmann anscheinend seinen Vortrag aufgebaut und war daher von Tagungsteilnehmern heftig angegriffen worden. Der Tagungsleiter, Rektor König, „machte es jedem Teilnehmer zur Pflicht, die Meinung des Vortragenden zu achten und

---

[322] Bl. 11: Erklärung des Mittelschullehrers Walter Wallmann, 16.11.1948.
[323] Bl. 19: Polizeihauptmann a.D. Fehlhaber, 17.11.1948; zu Fehlhaber: HW 29, 20.7.2024, S. 115, Anm. 50.

darüber zu schweigen, Wallmann musste nämlich Schwierigkeiten befürchten, wenn man [seine] Äußerungen in die Öffentlichkeit getragen hätte." [324]

Rückseite eines Verdener Notgeldscheins von 1921

Zusammengenommen kann hiernach dennoch kein Zweifel bestehen, dass Helmuth König ein überzeugtes und aktives Mitglied der NSDAP gewesen ist, weil er sich durch sie eine Karriere in der Schulaufsicht erhoffte. Stattdessen wurde ihm, nachdem er sich bewährt hatte, eine Tätigkeit als Verantwortlicher für das parteieigene Büchereiwesen und als Parteiredner auf Ortsgruppen-, Kreis- und Gauebene geboten. Er trug als einer der Fleißigsten wesentlich dazu bei, die Ideologie des Nationalsozialismus zu verbreiten und zu festigen.

Seinem Kollegen Wallmann gegenüber versuchte er sich dafür mit dem Argument zu rechtfertigen, er setze sich nur ein „um der Zukunft des Volkes willen. Ein verlorener Krieg brächte unabsehbares Unheil."[325] König hatte hier gewiss seine persönlichen Erfahrungen mit dem Ende des Ersten Weltkriegs und dessen Folgen vor Augen; er richtete den Blick jedoch nicht auf den Fall

---

[324] Bl. 11: Erklärung des Mittelschullehrers Walter Wallmann, 16.11.1948.
[325] Ebd.

eines deutschen Sieges im Zweiten Weltkrieg und dessen Folgen für Deutschland und die Welt.

In der Endphase des Krieges war König als Parteiredner und Schulleiter noch einmal besonders gefordert. Zum 25. Jubiläum der Verkündigung des Pateiprogramms der NSDAP sprach „Gauredner Rektor Helmuth König" am 24. Februar 1945 in Suderburg, um der Bevölkerung zu sagen, „worauf es jetzt ankommt und wie sich alle […] einzusetzen haben."[326] Wenige Tage nach dem verheerenden alliierten Bombenangriff auf Uelzen am 22. Februar 1945 veranstaltete die Kreisleitung eine Gedenkfeier als „Ausdruck unbeugsamen und unerschütterlichen Zusammenhaltens und Zusammenstehens".[327] Im Anschluss an die Rede von Bereichsleiter Kreisleiter Schneider widmete Gauredner Rektor Helmuth König den Gefallenen einen ehrenden Nachruf. Dem Bericht der Allgemeinen Zeitung zufolge führte er aus: „Den vom Vernichtungswillen dunkler haßerfüllter Mächte entfachten Krieg hat das deutsche Volk furchtlos und unerschrocken auf sich genommen, um nach geschichtlicher Überlieferung im offenen Kampfe sich zu erproben und zu bewähren. Demgegenüber verfielen die Feinde Deutschlands auf jene verbrecherischen Vernichtungsmethoden, die gegen wehrlose Männer, Frauen und Kinder gerichtet sind. So bedeuten auch diese Särge nicht allein Symbole des Sterbens, sondern zugleich Symbole der Anklage; sie fordern von den Lebenden, daß abgrundtiefer Haß sich empört gegen jenes verbrecherische Untermenschentum. Diese Gefallenen mahnen, den eingeschlagenen Weg in unbeirrbarer Zuversicht zu Ende zu gehen bis zum deutschen Siege." Auch in einer weiteren offiziellen Gedenkfeier, die Kreisleiter Schneider am ersten Märzwochenende in Uelzen ausrichten ließ, hielt König den Nachruf auf die Bombenopfer. Sie seien für Führer und Volk gefallen. „Daraus erwächst das Vermächtnis für die Überlebenden, den festen Entschluß zu fassen, alle Kräfte anzuspannen, zu arbeiten und zu kämpfen, damit am Ende dieses Ringens beim Hintreten an die Gruft der Toten das stolze Bewußtsein sich bewahrheiten kann: **Und ihr habt doch gesiegt!**"[328] Am 23. März 1945 schließlich entließ Mittelschulrektor König die Schülerinnen und Schüler seiner 6. Klassen ins Leben, indem er sie verpflichtete, „dem harten Gesetz des Krieges tapfer zu dienen und in unerschütterlichen Glauben an ein gerechte Weltordnung, an die Größe und Kraft unseres Volkes und den Führer zu jedem

---

[326] Niemann, Bd. 3, [ohne Seitenangabe] zum 24.2.1945.
[327] Niemann, Bd. 3, AZ vom 28.2.1945 „Sie sind gefallen für Deutschland".
[328] Niemann, Bd. 3, AZ 5.3.1945 „Der Tod der Terroropfer bleibt ewige Mahnung".

Einsatz und Opfer bereit zu sein."[329] Wenn Königs Reden in diesen Zeitungs-
berichten angemessen widergegeben werden, so wird seine Behauptung, er sei
kein Propagandaredner gewesen und sei stets der Wissenschaftlichkeit verpflichtet gewesen, Lügen gestraft.

Gerade Königs Eifer bei seiner Tätigkeit für die NSDAP galt aber nun der
Spruchkammer Stade als Indiz dafür, dass er kein überzeugter Nationalsozialist
gewesen sei. König war während der Internierung durch das Spruchgericht Be-
nefeld-Bomlitz am 26.2.1948 wegen Mitgliedschaft im Korps der Politischen
Leiter zu einem Jahr und drei Monaten Gefängnis verurteilt worden. Auf seinen
Revisionsantrag hin hatte das Oberste Spruchgericht Hamm dieses Urteil am
28. Juli 1948 aufgehoben und die Sache zur Entscheidung an das Spruchgericht
Stade zurückverwiesen, das König am 9. November 1948 lediglich zu einer
Geldstrafe von 500 DM und Übernahme der Verfahrenskosten verurteilte, die
Strafe sei verbüßt durch die erlittene Haft. Die Spruchkammer begründete das
milde Urteil folgendermaßen: Als ehemaliger Freimaurer sei König der Partei
selbstverständlich in hohem Grade verdächtig gewesen. „Er mußte damit rechnen, daß jede seiner Handlungen, jedes seiner Worte mit äußerstem Mißtrauen
betrachtet wurde. Er mußte also, wenn er nicht seine Stellung, ja vielleicht seine
Freiheit riskieren wollte, mehr tun als andere, um dieses Mißtrauen der Partei
zu zerstreuen. Wenn der Angeklagte unter diesen Umständen zum Parteiredner
bestimmt wurde, dann hätte eine Ablehnung mit ziemlicher Sicherheit seine
Absetzung, vielleicht Verhaftung bedeutet. Dieselbe Gefahr bestand, wenn er
in der Ausübung dieses übertragenen Amtes sich irgendwie lau zeigte." Eine
Karriere als Schulungsredner in einer Zwangslage, überkompensierend und wider Willen? Darüber hinaus befand das Gericht, König sei „persönlich untade-
lig" und es wäre zu begrüßen, wenn „eine solche Kraft beim Wiederaufbau
mitwirken könnte."[330]

Anfang Dezember 1948 begann das Entnazifizierungsverfahren gegen
Helmuth König mit der Zusendung des üblichen Fragebogens zu seiner NS-
Vergangenheit; König arbeitete zu dieser Zeit als Versicherungsvertreter auf

---

[329] Niemann, Bd. 3, AZ 26.3.1945 „Entlassungsfeier der Mittelschule". Vgl. auch ebd. die
Rede Lendles bei der Verpflichtungsfeier.
[330] Abschrift des Spruchkammerurteils vom 9.11.1948, Spruchkammer Stade.

Provisionsbasis.[331] Der Entnazifizierungsausschuss für höhere Verwaltungsbeamte entschied am 26. Februar 1949 auf Antrag des öffentlichen Klägers, König als Unterstützer des Nationalsozialismus in Kategorie IV einzuordnen. Als Strafmaßnahme wurde ihm die Wählbarkeit abgesprochen und auf die Dauer von 5 Jahren sollte er nur als einfacher Lehrer bei einer Mittelschule beschäftigt werden. König sei zwar ein zuverlässiger und gerechter Lehrer gewesen, es sei jedoch nicht zu verkennen, dass er durch seine Tätigkeit in der Partei dazu beigetragen habe, die Idee des Nationalsozialismus zu festigen.[332] König akzeptierte diese Einordnung und bemühte sich in der Folge zunächst nur um die Minderung der auferlegten Verfahrenskosten.[333]

Diese beiden überraschend milden Urteile über Königs NS-Karriere dürften sich durch die positiven Berichte über sein Verhalten in der Internierungshaft erklären, die den Kammern vorlagen. Er selbst schrieb dazu: „Im Internierungslager (35 Monate) ergab sich mir aus ungezählten Gesprächen mit Lagerkameraden ein Bild des Systems, wie ich es nicht kannte. Ich habe daraus meine Folgerungen gezogen."[334]

Der deutsche Hauptlagerleiter des Internierungslagers Fallingbostel stellte ihm ein außerordentlich positives Zeugnis aus. Seit seiner Einlieferung habe König die Arbeitskreise Geschichte und Literatur übernommen und mehr als 100 Vorträge zu verschiedenen Themen gehalten; er habe in der „Lager-Oberschule" unterrichtet und in der „Lager-Hochschule" gelehrt. „Durch sein umfassendes Wissen, seine reiche Lebenserfahrung und ausgezeichneten pädagogischen Fähigkeiten hat Herr König wesentlich dazu beigetragen, vor allen Dingen die jungen Internierten für das Maturum [die Reifeprüfung] vorzubereiten und ihnen den Weg in das Berufsleben zu ebnen." Daneben habe König in der

---

[331] Fragebogen für die politische Überprüfung ... des Niedersächsischen Ministers für die Entnazifizierung, 3.12.1948.

[332] Entnazifizierungs-Spruch-Ausschuß für höhere Verwaltungsbeamte, 26.2.1949.

[333] Schreiben Königs an den Vorsitzenden des Entnazifizierungsausschusses für höhere Verwaltungsbeamte, 23.5.1949: Bitte um Herabsetzung auf 20 DM. Sein Antrag v. 23.3.49 war nicht berücksichtigt worden.
[Bl. 563] Schreiben Königs an den Öffentlichen Kläger, 18.6.1949 wg. Herabsetzung der Verfahrensgebühr. Er könne gerade noch seine große und notleidende Familie ernähren, aber nicht die Verfahrensgebühr von 150 DM aufbringen. Antrag Königs v. 5. März 1950 an den Öffentlichen Kläger, seinen Entnazifizierungsentscheid vom 30.3.1949 zu modifizieren und die beiden Beschränkungen zu streichen (gemäß den neuesten Verordnungen).

[334] Begleitbericht Königs.

Lagerverwaltung gewirkt und sich auch an allen körperlichen Arbeiten beteiligt. „Seine vornehmste Aufgabe sah Herr König aber in der allgemeinen Betreuung der jungen Menschen im Lager, in Königs Darstellung überwiegend Waffen-SS.[335] Er übernahm vom 1.7.1947 bis 20.1.1948 im Jugendlichen-Lager das Amt als Lehrer und Kulturwart und schließlich als stellvertretender [Haupt-]Lagerleiter." Abschließend heißt es: „Wo immer Herr König auch eingesetzt war, überall hat er durch sein Vorbild, durch seine beispielhafte Pflichterfüllung gewirkt. Uneigennützig hat er sich für das Wohl seiner Kameraden eingesetzt und deren Belange und Rechte selbstlos und würdig allen Stellen gegenüber vertreten. Seine einwandfreie kameradschaftliche Einstellung und seine saubere charakterliche Haltung verschafften ihm Achtung, Vertrauen und Ansehen."[336] Der Leiter der Rechtsauskunftstelle des Lagers schloss sich diesem positiven Urteil an: Er habe für die politischen Fehler und Machtgelüste anderer mit dem ganzen Volke schwer gebüßt, aus dem deutschen Schicksal und den Zeichen der Zeit Erkenntnisse und Lehren gezogen und erkannt, dass die Verantwortlichen des Systems der NSDAP einen unheilvollen Weg beschritten haben, der in den Zusammenbruch geführt habe. „Die Art, wie Herr König sich während der harten Zeit der langen Internierung selbstlos in den Dienst der Allgemeinheit gestellt hat, ohne auf äußere Vorteile zu rechnen, läßt mich mit aller Bestimmtheit erwarten, daß er bereit ist, den Weg des gesunden demokratischen Aufbaues unseres Volkes ohne Vorbehalt ehrlich mitzugehen."[337]

Man könnte Helmuth Königs Tätigkeit im Internierungslager als tätige Reue interpretieren. Er wäre damit der Einzige unter den Uelzener Lehrern, der sich so deutlich von der NS-Vergangenheit distanzierte. Möglicherweise hatte er sich aber – wie 1933 – letztlich nur an die herrschenden politischen Verhältnisse angepasst.

Helmuth König starb in Uelzen am 20. Oktober 1968, nachdem er noch einige Jahre als einfacher Mittelschullehrer gearbeitet hatte.

---

[335] Begleitbericht Königs.

[336] Bl. 2: Zeugnis des Wilhelm Schmitz, Deutscher Hauptlagerleiter, 29.2.1948.

[337] Bl.1: Zeugnis des Leiters der Rechtsauskunftstelle, Fallingbostel, 19.2.1948. Die These/der Topos, König sei „Idealist" gewesen, d.h. er habe sich von Hitler anfangs täuschen lassen, ist wenig überzeugend bei einem kritischen Geist wie König.

Teichmann, Hermann

Studienrat Teichmann

Studienrat Hermann Teichmann ging zum 1. Oktober 1933 mit Erreichen der Altersgrenze[338] in den Ruhestand; ihm war 1929 das rechte Auge operativ entfernt worden und er war schwer herzkrank. Fünf Monate vor seiner Pensionierung war er noch in die NSDAP eingetreten. Hatte er sich am Ende seiner Dienstzeit zum Nationalsozialismus bekennen wollen? Oder hatte er den Verlust seines Beamtenstatus befürchten müssen? In der Begründung des Entnazifizierungsausschusses Uelzen zu dem Einreihungsbescheid in Teichmanns Berufungsverfahren vom 16. Januar 1948 heißt es: „Der Betroffene war mehreren Beisitzern daher bekannt, daß er ihr Lehrer gewesen ist. Alle diese Beisitzer waren erstaunt, daß der Betroffene Mitglied der NSDAP gewesen sei [...]. Er wurde aus der eigenen Erfahrung und Kenntnis dieser Beisitzer als ein durchaus zurückhaltender Mann bezeichnet, der politisch sich nicht betätigte."[339] Dieser Eindruck, den sich die Beisitzer als Schüler von ihrem Lehrer gebildet haben wollten, entsprach jedoch nicht den Tatsachen.

Teichmann war am 4. Juni 1871 in Hannover geboren worden, machte dort 1894 Abitur, studierte bis 1903 in Göttingen und Erlangen und erwarb 1904/05 in Göttingen die Lehrbefähigung für Höhere Schulen (u.a. Geschichte, Religion). Nach einem Probejahr an der Oberrealschule in Uelzen wurde er dort ab 1. April 1907 als Oberlehrer angestellt und 1920 zum Studienrat gewählt.[340] Beim Kriegsausbruch 1914 bewies Teichmann seinen Patriotismus, indem er sich führend an der Vorbereitung der Jugend auf den Wehrdienst beteiligte und die Führung der ersten Kompanie übernahm.[341] Nach den Aussagen eines

---

[338] Steinmeyer, Chronik, S. 263; die Portraitzeichnung ist entnommen aus: 50 Jahre OfJ Uelzen, S. 73.

[339] NLA HA Nds. 171 Lüneburg, Nr. 114753 Hermann Teichmann (Entnazifizierungsakte 2), Einreihungsbescheid v. 16.1.1948 nach Berufung.

[340] NLA HA Nds. 171 Lüneburg, Nr. 59838 Hermann Teichmann (Entnazifizierungsakte 1), Fragebogen v. 30.10.1947; „50 Jahre OfJ Uelzen", S. 71; auf S. 72 fehlt die Wahl Teichmanns zum Studienrat.

[341] Steinmeyer, Chronik, S. 217f.

glaubwürdigen Zeugen hatte sich Teichmann dagegen schon vor 1914 politisch exponiert: Er „brachte z. Zt. des zweiten Reiches den Mut auf, in sozialdemokratischen Kreisen im Gewerkschaftshause Vorträge zu halten und dadurch deren Bewegung zu unterstützen."[342] Teichmann selbst betonte seine demokratische Tradition: Nach dem 1. Weltkriege 1914-1918 habe er auf Wunsch des hiesigen Magistrates Vorträge in der Volkshochschule gehalten, ebenfalls auf Wunsch Vorträge im Gewerkschaftshaus. Er sei in den Arbeiter- und Soldatenrat gewählt worden und Mitglied des Vereins für Bodenreform gewesen.[343] Kein geringerer als Josef Kern[344] lobte Teichmanns Einsatz für Arbeiterfragen nach dem 1. Weltkrieg und bestätigte ihm in seiner Eigenschaft „als Mitglied der Sozialdemokratischen Partei auf Wunsch gern, dass [er] als alter Lehrer der Stadt Uelzen in SPD-Kreisen bekannt" sei; Kern billigte ihm „eine grundsätzliche demokratische, freiheitliche und undogmatische Gesinnung"[345] zu.

Mit der Leitung des VDA sei er bereits im Jahre 1917 vom derzeitigen Uelzener Bürgermeister [Farina] und von seinem Direktor [Dr. Dieckhoff] beauftragt worden. Die Leitung habe er schon 1928 niedergelegt und sei von da an nur noch amtloses Mitglied gewesen.[346] Der „Verein der Auslandsdeutschen", der vom Auswärtigen Amt unterstützt wurde, nahm sich der Interessen aller außerhalb der Reichsgrenzen lebenden Deutschen an und gehörte damit in den Bereich der Bemühungen zur Revision des Versailler Vertrages, war politisch also im nationalistischen, rechten Spektrum anzusiedeln. Auf kommunaler Ebene vertrat Teichmann seine Schule im Ausschuss für das höhere Schulwesen der Stadt Uelzen; 1925 sorgte er beispielsweise mit dafür, dass Sebo

---

[342] Entnazifizierungsakte 2, Bl. 3 Erklärung des Dr. August Diedrich, Fabrikdirektor i.R., Uelzen, 21.7.1947.

[343] Entnazifizierungsakte 2, Bl. 1 Einspruch Teichmanns gegen Maßnahmen v. Juli 1947, Uelzen, d. 23.7.1947.

[344] Vgl. Niemann, Bd. 2, S. 86: Schlosser u. ehemaliger Bürgervorsteher, gewählt 12.3.1933, im Juli 1933 in „Schutzhaft" genommen, wg. des Gesundheitszustandes am 4.9.33 freigelassen gegen „Verpflichtungsschein", in Zukunft nicht an „hoch- und landesverräterischen Umtrieben" teilzunehmen.

[345] Entnazifizierungsakte 2, Bl. 4 Erklärung von J. Kern, Uelzen, 20.7.1947.

[346] Entnazifizierungsakte 2, Bl. 1 Einspruch Teichmanns gegen Maßnahmen v. Juli 1947, Uelzen, d. 23.7.1947.

Kramer als Studienrat angestellt wurde.[347] Kramer schätzte Teichmanns politische Haltung vor 1933 als „zur Demokratischen Partei oder zum linken Flügel der DVP" gehörig ein; er sei tolerant in religiöser und politischer Hinsicht gewesen. „Es war mir daher auch garnicht verwunderlich, dass der sozialdemokratische Senator Onken, als Herr Teichmann vom Beamtenabbau bedroht war, sich um seine Erhaltung im Amte bemühte und dass der an unserer Schule tätige links-sozialdemokratische Studienassessor Reichwage in engem Vertrauensverhältnis zu ihm stand."[348] Der Gastwirt Heinrich Onken, geboren am 16. Oktober 1887 in Hannover, war damals in Uelzen eine einflussreiche Persönlichkeit: Er stand dem Arbeiterturnverein TB Jahn vor[349] und initiierte die Gründung der „Gemeinnützigen Baugenossenschaft Volksheim" am 8. Januar 1927;[350] er zog 1928 nach Peine, dann nach Berlin und Hamburg. Auf die Bitte Teichmanns vom 14. Juli 1947 bestätigte Onken ihm, „dass in der Zeit meiner dortigen Tätigkeit als Senator der Stadt Uelzen und Mitglied des Kuratoriums für das höhere Schulwesen und in meiner Eigenschaft als Mitglied der Sozialdemokratischen Partei ich in politischer Hinsicht Nachteiliges über Sie nicht gehört habe. Ich kann Ihnen das Zeugnis ausstellen, dass Sie während dieser Zeit sich durchaus in einwandfreier Weise auch dem Weimarer Staat gegenüber verhalten haben und mithalfen, etwaigen Umtrieben der Schüler der höheren Klassen in politischer Hinsicht zu wehren und [sie] zu beseitigen."[351]

Angesichts einer solchen Vergangenheit wäre es höchst verständlich, wenn Teichmann nach Hitlers Ernennung zum Reichskanzler für sich berufliche Nachteile befürchtet hätte und deswegen in die NSDAP eingetreten wäre.[352]

---

[347] Am 30.3.1925 schlug der Ausschuss die Ernennung Sebo Kramers zur Anstellung als Studienrat vor, vgl. NLA HA 180 Hannover, Acc. 15/89 Nr. 241/1 Personalakte Sebo Kramer, Sitzung des Schulausschusses für höhere Lehranstalten v. 20.3.1925.

[348] Entnazifizierungsakte 2, Bl. 3 Gutachten Sebo Kramers, Uelzen 20.7.1947; zu den Sparmaßnahmen: Steinmeyer, Chronik, S. 261ff.; zu Studienrat Reichwage: Steinmeyer, Chronik, S. 256f. und „50 Jahre OFJ Uelzen", S. 73: Reichwage wurde 1929 vom Lyceum Uelzen ans Realgymnasium versetzt, 2 Jahre später nach Nienburg.

[349] Mensing, Ernst: Sportgeschichte der Stadt Uelzen bis zum Jahre 1945, in: Jahrbuch 1999 des NISH, S. 66.

[350] https//www.wbg-uelzen. de < Geschichte mit Tradition.

[351] Entnazifizierungsakte 2, Bl. 4 Heinrich Onken, Elbschloss-Brauerei-Ausschank, Hamburg (Elbchaussee 156), 17.7.1947.

[352] Entnazifizierungsakte 1, Stellungnahme des Direktors der Stadtwerke Uelzen, Max Haupt, 7.9.1948, auf Anfrage des öffentlichen Klägers v. 2.9.1948.

Das „Gesetz zur Wiederherstellung des Berufsbeamtentums" vom 7. April 1933,[353] das zur Säuberung und Gleichschaltung des öffentlichen Dienstes dienen sollte, konnte durchaus als Existenzbedrohung verstanden werden. Den Durchführungsbestimmungen zufolge[354] sollte jeder Beamte lückenlos „insbesondere in politischer Hinsicht" erfasst werden und einen Fragebogen ausfüllen, der „über seine Personalien sowie die seiner Eltern und Großeltern und über seine bisherige politische Beteiligung Auskunft gibt;" die Behandlung der Pensionäre blieb noch offen. Als Parteimitglied brachte Teichmann sich dann in die praktische Parteiarbeit ein, indem er – als Mitglied im NSV – mehrere Monate als Sammler für das Winterhilfswerk tätig war.

Einige Indizien könnten allerdings dafür sprechen, dass Teichmann sich seit Anfang der 30er Jahre dem Nationalsozialismus angenähert haben könnte. Er selbst versuchte seinen Beitritt zur NSDAP folgendermaßen zu rechtfertigen: „Als im Jahre 1933 Deutschland wirtschaftlich darniederlag und der Reichspräsident von Hindenburg Hitler zum Reichskanzler ernannte und ihm damit sein Vertrauen bezeugte, als ein Kollege meiner Schule Ortsgruppenleiter in Uelzen wurde [Herbst 1932, Dr. Otto Pöppelmann] und für die Partei warb, bin ich in gutem Glauben[355] und mit der Hoffnung auf eine günstige Wende für Deutschland in der ersten Begeisterung in die NSDAP eingetreten.[356] Parteieintritt guten Glaubens und nach Fürsprache des Kollegen und Ortsgruppenleiters Pöppelmann: Die Entscheidung zum Eintritt musste letztlich jedoch Teichmann selbst fällen und verantworten. Nach seinen freiwilligen Angaben im Fragebogen von 1947 hatte er bei den Wahlen vom 5. März 1933 für die NSDAP gestimmt.[357] Und 1938 lobte ihn Gerhard Reinecke öffentlich, weil er im August 1931 Verschwiegenheit über die Aktivitäten des verbotenen

---

[353] Reichsgesetzblatt Nr. 34, S. 175.

[354] Niemann, Bd. 2, S. 162: „Welche Beamten müssen ausscheiden?", Artikel v. 3.6.1933.

[355] Entnazifizierungsakte 2, Theodor Böttcher, Mittelschulkonrektor i.R., Uelzen 20.7.1947: Er attestiert Teichmann ebenfalls „guten Glauben"; er habe die Entwicklung nicht voraussehen können.

[356] Entnazifizierungsakte 2, Bl. 1: Teichmanns Einspruch gegen Maßnahmen v. Juli 1947, Uelzen, d. 23.7.1947.

[357] Entnazifizierungsakte 2, Fragebogen v. 30.10.1947: eine freiwillige Angabe, deren Richtigkeit nicht zu überprüfen war.

NS-Schülerbundes am Realgymnasium gewahrt hatte.[358] Reinecke,[359] einer der Gründer und Führer der Hitlerjugend in Uelzen, war bis Februar 1932 Schüler des Realgymnasiums gewesen; nachdem 1930 den Schülern der höheren Schulen die Mitgliedschaft in der NSDAP und ihren Organisationen verboten worden war, legte Reinecke die Führung der HJ nieder und [re]organisierte stattdessen im August 1931 den geheimen NS-Schülerbund mit dem Ziel, das Realgymnasium „in kurzer Zeit nationalsozialistisch zu machen."

Letztlich könnten auch familiäre Rücksichten für Teichmanns späten Eintritt in die NSDAP gesprochen haben. Teichmann hatte am 21. Juli 1908 geheiratet, seine Ehefrau Johanne starb jedoch am 24. Mai 1925, so dass Teichmann seine beiden Kinder Ludwig, geb. 15. Mai 1909, und Therese, geb. 31. Oktober 1910, zunächst allein erziehen musste, ehe er am 1. Juni 1927 ein weiteres Mal heiratete. Seine Tochter ehelichte später den kaufmännischen Angestellten Joachim Orth, der 1944 und 1945 Ortsgruppenleiter in Osterode/Harz war.[360] Sohn Ludwig bestand 1927 die Reifeprüfung am Realgymnasium Uelzen und studierte anschließend Jura in München, Berlin und Göttingen, brach 1930 aber das Studium ab und arbeitete in der Landwirtschaft. Schon am 1. Juni 1929 war er in die SS und die NSDAP[361] eingetreten; 1932 stieg er in den Offiziersrang auf und wurde zum SS-Untersturmführer ernannt, 1933 folgte die Beförderung zum Sturmhauptführer, 1935 wurde er Sturmbannführer und am 13. September 1936 schließlich Obersturmbannführer. Eine solche Karriere könnte möglicherweise behindert werden, wenn der Vater nicht auch Parteimitglied wäre.

Abgesehen von seinem frühen Parteieintritt scheinen diese Erklärungen insgesamt jedoch zu dürftig, um Hermann Teichmann als überzeugten und eifrigen Nationalsozialisten erscheinen zu lassen. Wie aber ist sein begeistertes Engagement für die „Deutschen Christen" zu erklären und zu bewerten?

---

[358] Niemann, Bd. 1, S. 17: Reinecke, Gerhard: Zur Geschichte des Bannes 284, Uelzen/Dannenberg 1938.

[359] Niemann, Bd. 2, S. 382 und 397; Nanninga, Ungeist, S. 32, Anm. 7.

[360] Stadtarchiv Osterode Bestand 2, Nr. 41; frdl. Auskunft des StA Osterode v.15.12.2023. Entnazifizierungsakte 1: Schreiben Teichmanns an den Entnazifizierungs-Hauptausschuß Krs. Uelzen, 26.1.1949: Er habe seine Tochter nebst 4 Söhnen im Alter von 4, 6, 10 und 14 Jahren völlig zu unterhalten, da sein Schwiegersohn seit 2 Monaten stellungslos sei, keine Arbeitsunterstützung beziehe, sondern unter größten Schwierigkeiten versuche, sich eine eigene Existenz zu gründen.

[361] Mitgliedsnummer 1.789 bzw. 134.523.

Bei der „Glaubensbewegung Deutsche Christen", die am 6. Juni 1932 durch den Pfarrer Joachim Hossenfelder gegründet worden war, handelte es sich um einen Zusammenschluss evangelisch getaufter Nationalsozialisten innerhalb der evangelischen Kirche, nicht etwa um eine Unterorganisation der NSDAP. Zu ihren Zielen gehörten die Schaffung einer völkischen Reichskirche und deren Organisation nach dem Führerprinzip sowie die Ausmerzung aller jüdischen Elemente aus dem Christentum. Erst allmählich formte sich als Reaktion dagegen die Bekennende Kirche; diese Gegnerschaft mündete in einem Kirchenkampf, „der schwersten Identitätskrise des deutschen Protestantismus seit seinem Bestehen."[362] Zunächst erreichten jedoch die Deutschen Christen erhebliche Breitenwirkung. Pastor Gerhard Hahn[363] aus Elmlohe, der ab 1932 der Landesleiter der DC in Hannover war, hatte schon 1931 mehrfach in Uelzen und Umgebung Propagandareden gehalten.[364] Auch die Pastoren Carl Ficken,[365] seit 1911 in Molzen, und Ulrich Martin Bahrs,[366] seit 1911 in Bevensen, traten bereits mit ihrer nationalsozialistischen Einstellung hervor. Wenige Tage vor der Reichstagswahl vom 5. März 1933 veröffentlichten Gerhard Hahn, Carl Gustav Bösenberg[367] und andere einen Aufruf „an den deutschen Christenmenschen" zur Wahl Adolf Hitlers.[368] Es heißt darin unter anderem: „Weißt Du, daß der Satanas in Gestalt des Bolschwismus vor der Tür steht? Weißt Du, daß der heutige Kanzler des Deutschen Reiches, Adolf Hitler, derjenige ist, der dem Satan Bolschewismus und dem Wüten der Gottlosen den schärfsten Kampf nicht nur angesagt, sondern auch schon 14 Jahre gekämpft hat?" Hitler habe immer wieder gesagt, dass er seine Regierungsarbeit und den Wiederaufbau des Deutschen Volkes auf den Boden des Christentums gründen wolle.

---

[362] Gailus, Manfred (Hg.): Täter und Komplizen in Theologie und Kirche 1933–1945, Göttingen 2015, S. 17.
[363] https://www/wikipedia.org/wiki/Gerhard_Hahn_(Theologe). 1.8.1901 – 26.7.1943. Kriegsfreiwilliger! Und Freikorpskämpfer. Ab 1928 Pastor in Elmlohe, seit 1.7.1930 Mitglied der NSDAP.
[364] Niemann, Bd. 2, S. 99–105.
[365] Funke, Hans: Die evangelisch-lutherischen Pastoren des Kreises Uelzen, Uelzen 2004, S. 50: Carl Heinrich Ficken (11.8.1880 – 15.4.1958), Pastor in Bevensen 1908, in Molzen 1911.
[366] Ibid., Ulrich Martin Bahrs (5.7.1878 – 1.3.1969, 1911 – 1946 Pastor in Bevensen.
[367] Funke, Pastoren, S. 189: Carl Gustav Bösenberg (20.6.1866 – 19.9.1935), Pastor in Römstedt seit 1910.
[368] Niemann, Bd. 1, S. 411, AZ vom 1. März 1933.

Nach der Verabschiedung des Ermächtigungsgesetzes begannen auch in der evangelischen Kirche Versuche zu ihrer Gleichschaltung, obwohl Hitler zuvor, um die Zustimmung zum Ermächtigungsgesetz zu erlangen, den Kirchen Bestandsgarantien gegeben hatte. Nun hieß es, die Neuordnung der evangelischen Kirche würde lediglich Organisationsfragen betreffen, die Glaubensinhalte seien nicht berührt. Im Juni 1933 wurden in einem ersten Schritt sämtliche kirchlichen Vertretungen aufgelöst. Deren Befugnisse übertrug man staatlichen Kommissaren, in der Hannoverschen Landeskirche war das seit dem 24. Juni 1933 Pastor Hahn in Elmlohe, der in den einzelnen Kirchenkreisen wiederum Unterkommissare einsetzte: Im politischen Kreis Uelzen wurden so die beiden Kreisleiter der Deutschen Christen, die Pastoren Ficken und Bahrs, ernannt.[369] Anfang Juli wurde in Berlin erwogen, die Gleichschaltung der evangelischen Kirche analog zu der der Länder und Gemeinden vorzunehmen (dann würde man die Vertretungen mit 70% Deutsche Christen besetzen müssen),[370] schließlich entschied man sich jedoch für den „plebiszitären" Weg, nämlich dazu, die Gleichschaltung der evangelischen Kirche durch die große Mehrheit der Christen selbst vornehmen zu lassen. Das Gesetz über die Verfassung der Deutschen Evangelischen Kirche vom 14. Juli 1933[371] schaffte den organisatorischen Rahmen für eine Reichskirche. Die Wahl der neuen Kirchenvorsteher hatte laut Gesetz bereits am 23. Juli 1933 zu erfolgen, weitere Wahlen, etwa zum Landeskirchentag, dann bis zum 31. August. Der Innenminister sollte zwar die Neutralität der Wahl garantieren, Hitlers Wahlempfehlung für die Deutschen Christen am Vorabend der Wahl und die enge Terminierung ließen anderen Gruppen als den Deutschen Christen kaum eine Chance zur Vorbereitung. So konnte am 24. Juli 1933 ein großer Sieg der Deutschen Christen verkündet werden.[372]

Hermann Teichmanns Name taucht zum ersten Mal im Zusammenhang mit der Kirchenvorsteherwahl in Uelzen am 23. Juli 1933 in der Öffentlichkeit auf. Eine Einheitsliste vom 19. Juli, die angeblich „allen Wünschen Rechnung" trug und „Beunruhigungen des Kirchenvolkes" vermied, wurde in letzter Minute

---

[369] Niemann, Bd. 2, S. 207 „Beginn der kirchlichen Neuordnung im Kreise Uelzen". Ab 29.6. war Bahrs alleiniger Bevollmächtigter.

[370] Niemann, Bd. 2, S. 210 „70% Nationalsozialisten in den neuen Kirchenvertretungen".

[371] https://www.verfassungen.de/de33-45/evkirche33.html.

[372] Niemann, Bd. 2, S. 238; vgl. auch: Broszat, Der Staat Hitlers, S. 283-300.

noch ganz im Sinne der Deutschen Christen geändert, so dass alle sechs städtischen Kirchenvorsteher dieser Gruppe zuzurechnen waren; zu ihnen gehörte nun auch StR Teichmann.[373] 2439 Gemeindemitglieder hatten von ihrem Stimmrecht Gebrauch gemacht und 1701 hatten sich für die Deutschen Christen entschieden – also ein beeindruckender Stimmenanteil von nahezu 70%. Da allerdings die Zahl der Wahlberechtigten unbekannt ist (bei den politischen Wahlen von 1933 lag deren Anzahl bei ca. 9.000), vermittelt der Blick auf die Abstimmenden einen falschen Eindruck. Hätten beispielsweise nur ca. 33% der Wahlberechtigten abgestimmt, so müsste man mit etwa 5.000 Nicht-Wählern rechnen.

Auch die Berichterstattung über die Wahl zum Landeskirchentag versucht, den Eindruck breiter Zustimmung des Wahlvolks zu den Deutschen Christen zu vermitteln. In zehn von fünfzehn Wahlkreisen sei die Wahl überflüssig gewesen, so wurde berichtet, weil sich zwei Drittel der Kirchenvorsteher (die am 23. Juli gewählt worden waren) in den Bezirken für eine gemeinsame Liste entschieden hätten. In 9 Fällen sei das die Liste Deutsche Christen gewesen. Wo, wie in Hannover, tatsächlich gewählt worden sei, sei die Wahl auf Pastor Jacobshagen gefallen,[374] einen der bekanntesten Propagandisten der Deutschen Christen.[375] Das gemeine Wahlvolk hatte also in zwei Dritteln der Wahlkreise gar nicht abstimmen dürfen.

Durch die geschickte Gestaltung der Wahlvorschläge ließ sich im Übrigen das erwünschte Wahlergebnis vorwegnehmen. Der Wahlkommissar für Wahlkreis 8, Superintendent Meyer in Bevensen, gab am 8. August bekannt, ihm seien drei Wahlvorschläge (jeweils drei Kandidaten und drei Ersatzmänner)

---

[373] Niemann, Bd. 2, S. 241 „Kirchenvorsteherwahl in Uelzen". Von der Liste „Deutsche Christen" [alle Parteigenossen] waren gewählt: Senator Kurt Just, Töpfermeister Hans Meyer, StR Dr. Franz Thorau, StR Hermann Teichmann, Sparkasseninspektor Rudolf Lampert, Städt. Angestellter Karl Schlamkow. Deren Amtseinführung erfolgte am 6.8.1933 (Niemann, Bd. 2, S. 253), Als weiterer Kirchenvorsteher (von einer anderen Liste?) trat noch der Kaufmann Erwin Schulz hinzu, PG seit 1.1.1931 (Nr. 638.422), 1933 gewählter Bürgervorsteher (NSDAP) und 1934 Nachfolger Pöppelmanns als Ortsgruppenleiter der NSDAP.

[374] Niemann, Bd. 2, S. 252. Https://de.wikipedia.org/wiki/Paul_Jacobshagen; (29.8.1889 – 10.1.1968), Pg seit 11.5.1925 (Nr. 4.301) Pastor in Hannover 1927-1960. 1931 Begründer der DC, Landesleiter, komm. Superintendent. 1934 Austritt aus DC wegen Rosenbergs Entchristlichungsbestrebungen; 1941 Ausschluss aus NSDAP.

[375] Niemann, Bd. 2, S. 250-252, Bericht zu dessen Auftritt in Uelzen.

eingereicht worden; nach „Einigungsverhandlungen" seien zwei zurückgezogen worden, der Vorschlag der Deutschen Christen „in etwas veränderter Form" stehe zur Wahl, wenn nur ein Vorschlag vorliege, würde keine unmittelbare Wahl für die Gemeindeglieder stattfinden.[376] Man kann sich gut vorstellen, unter welchem Druck die Vereinigungsverhandlungen stattgefunden haben müssen. Die Deutschen Christen scheinen sich ihrer Macht bewusst gewesen zu sein und demgemäß auch nur unbedeutende Zugeständnisse eingeräumt zu haben. Als Abgeordnete wurden vorgeschlagen: 1. Pastor Ficken, Molzen, der Kreisleiter der DC; 2. OStD Adolf Vahlbruch, der Leiter der Wilhelm-Raabe-Schule in Lüneburg[377] und 3. SA-Standartenführer Herwig in Bevensen, Mitglied des Reichstags seit dem 5.März 1933.[378] Einzige Konzession an die Kritiker war die Aufnahme von Pastor Kurt Schoop[379] aus Ebstorf in den Vorschlag, freilich nur als Ersatzmann und damit ohne Einfluss. Insgesamt muss man also zweifeln, ob die Kirchenwahlen von Juli/August 1933 tatsächlich ein so großer Sieg der Deutschen Christen waren, wie sie glauben machen wollten. Diese Kirchenpolitik fügt sich insgesamt jedoch bruchlos in die Überwältigungsstrategie der Nationalsozialisten im Jahre 1933 ein.

---

[376] Niemann, Bd. 2, S. 253.

[377] NLA HA Hann. 180 Hannover e7 Nr. 206: 1880-1962; Mitglied der NSDAP; vgl. Hofmeister, Eberhard (Hg.): Schule im Wandel der Zeit. Festschrift zum 100. Jubiläum der WRS, Lüneburg 1975, S. 21: Vahlbruch sei 1945 entlassen und 1946 „rehabilitiert" worden.

[378] https://de.wikipedia.org/wiki/Adalbert_Herwig: Hans Adalbert Herwig (5.4.1901 – 17.6.1961) kämpfte 1919 – 1921 in Freicorps gegen Frankreich (Rheinland) und Polen (Oberschlesien) und gehörte danach verschiedenen Wehrsportgruppen an. Beruflich zunächst „in der Holzbranche", ab 1927 Landarbeiter. Parteimitglied seit 1.8.1929; Eintritt in die SA-Bevensen 1.5.1930, ab September 1930 bereits Sturmführer („Sturmführer Zackig"); 8.4.1931 Standartenführer; 20.4.1935 Brigadeführer. Ab März 1933 MdR. Niemann, Bd. 1, S. 402; Bd. 2, S. 274, 277, 288, 329ff., 434, 504, 604. Man fragt sich, welche Aufgabe wohl für einen aufstrebenden SA-Führer im Landeskirchentag vorgesehen war.

[379] Niemann, Bd. 2, S. 103. Kurt Schoop (25.7.1888 – 1.2.1966) war seit dem 4.4.1916 verheiratet mit Else Ohnesorg, einer Schwester meiner Großmutter. Aus Schoops Briefen und den Erinnerungen seiner Tochter Maria ergibt sich folgendes Bild: In der Adventszeit 1937 ist Schoop denunziert, zum Amtsgericht nach Uelzen einbestellt und verhaftet worden. Der Richter hat dann auch Else Schoop und zwei Töchter vorgeladen, um ihnen persönlich mitzuteilen, dass er Pastor Schoop, obwohl er ihn eigentlich entlassen müsse, für vier Wochen in Haft behalte, damit sich die Gestapo nicht des Falles annehme. Schoop wurde dann am Tag vor Christabend entlassen.

Dies ist das Umfeld, in dem Teichmann nun für die Deutschen Christen tätig war. Am 21. August 1933 hielt er in der konstituierenden Sitzung des Kreiskirchentags ein Referat zum Thema „Unsere evangelische Kirche muß zusammenstehen": ein offensichtlicher Appell an diejenigen, die noch nicht zu den DC gehörten. Die Deutschen Christen wünschten sich, dass Volk und Kirche wieder zusammenfinden zu einer wahren Volkskirche. Politische und christliche Bewegung liefen auf dieses eine Ziel hinaus. Ursache für die vergangene Notzeit sei der Marxismus. „Man gewöhnte das Volk an eine schrankenlose Freiheit. Hinter all diesem steckte in sicherer Hut der Jude." „Nun ist die Nacht vergangen. Gott selber griff ein. Er gab uns den Führer. Es stieg die Erkenntnis, daß Rettung aus Not noch möglich sei. Unser Schmied heißt Adolf Hitler." Die Kirche müsse sich darüber einigen, welche Bestandteile ihr fremd seien. „Jedes Volk müsse seine eigene ihm zugewiesene Religion haben. Ein Deutscher muß den Gott aller Deutschen lieben."[380]

Schon am folgenden Tag hielt Teichmann auf der Ortsgruppentagung des NS-Lehrerbundes ein Referat über die Deutsche-Christen-Bewegung. Ihre Entstehung sei Adolf Hitler zu verdanken. Sie „wurzelt in den weltanschaulichen Ideen des Nationalsozialismus." Die Toleranz des gebildeten Menschen gegenüber Andersgläubigen sei „nur ein Deckmantel für seine Charakterlosigkeit". In Christus wolle man vor allem den heroischen Kämpfer sehen, der für seine Ideen in den Tod ging – „ein Vorbild für die 450 Opfer der nationalsozialistischen Kämpfer, die für die Idee ihr Leben ließen".[381]

Am 25. August 1933 gab Kreisleiter Ficken Teichmanns Ernennung zum Ortsgruppenleiter in Uelzen bekannt.[382] In dieser Eigenschaft hielt er am 28. August bei einer Mitgliederversammlung der DC ein Referat über „Die Aufgabe der Kirche im heutigen Staat".[383] Die Deutschen Christen stünden im Kampf gegen kirchenpolitische Gruppen, die Reaktion und die sog. „jungen Theologen" sowie die Kreise nicht arischer Abstammung; am schlimmsten aber

---

[380] Niemann, Bd. 2, S. 279. Der Berichterstatter macht sich hier nicht die Mühe, die notierten Stichwörter (oder das Redemanuskript) zu einem fortlaufenden Text zu verarbeiten.
[381] Niemann, Bd. 2, S. 278.
[382] Niemann, Bd. 2, S. 283. Die Organisationsstruktur folgt offenbar der der NSDAP, ab ca. 1935 heißt der Ortsgruppenleiter dann meist Obmann.
[383] Niemann, Bd. 2, S. 283; AZ 22.8.1933 „Kreiskirchentag des Kirchenkreises Uelzen" am 21.8.1933.

seien die vielen Gleichgültigen. Die DC seien als Kampfgemeinschaft im Vertrauen auf die Kraft des Evangeliums aus den Wirren der vergangenen Notzeit hervorgegangen. „Der große politische Führer Adolf Hitler ist durchdrungen von einem tiefen, ernsten religiösen Geist. Wenn das ganze deutsche Volk davon erfaßt wird, dann ist erst der Wiederaufstieg möglich. Christenkreuz und Hakenkreuz gehören zusammen." Das große Ziel heiße: „Volk und Kirche, Volk und Gott – Kirchwerdung." Die irdische Gestalt unseres Volkes wachse heraus aus Boden, Heimat, Blut und Rasse und die darüber geordnete Allmacht heiße Gott. „Wir ‚Deutschen Christen' sind stolz auf den Führer Adolf Hitler und danken Gott, daß er ihn uns geschenkt hat." Der Vortrag endete in einem Aufruf zur Tat. „Das Dritte Reich, aus deutschem Glauben geschaffen, mündet in die Liebe zum Nächsten." Diese Äußerungen aus dem August 1933 belegen, dass Teichmann zweifellos nationalsozialistisches Gedankengut vertrat und Hitler anscheinend glühend verehrte.

Wann Teichmanns Hinwendung zum Nationalsozialismus und zur DC-Be-

wegung begann und welche Beweggründe es dafür gab, lässt sich heute mangels geeigneter Quellen nur noch mutmaßen. Seine Reden jedenfalls belegen, dass er sich mit den Grundideen der DC-Bewegung und denen des Nationalsozialismus gründlich auseinandergesetzt hatte: Kampf gegen Judentum und Bolschewismus, Rassegedanke, Blut und Boden, Verhältnis von Kreuz und Hakenkreuz – es scheint unwahrscheinlich, dass Teichmann solche Gedanken spontan erst nach Hitlers Machtergreifung entwickelt haben sollte. So stehen die Indizien für Teichmanns Hinwendung zum Nationalsozialismus bereits vor 1933 nicht völlig isoliert. Möglicherweise wurde er durch seinen Sohn Ludwig beeinflusst, der sein Studium abbrach und sich ganz der NSDAP und SS hingab. Auch Hermann Teichmanns Aufnahmeantrag in die NSDAP und sein Engagement für die Deutschen Christen erfolgten somit wahrscheinlich aus Überzeugung.

Am 19. März 1934 stand Teichmann als Ortsgruppenleiter noch einmal einer Kundgebung der Deutschen Christen in der Uelzener Stadthalle vor. Hauptredner des Abends war jedoch Pastor Blankerts, der den Nationalsozialismus als die Erfüllung des Evangeliums darstellte.[384] Blankerts war am 26. Februar 1934 als Pastor an der Marienkirche eingeführt worden,[385] er war ein überzeugter Nationalsozialist, hauchte der Propaganda der DC anscheinend neuen Schwung ein[386] und verschärfte so den Kirchenkampf in Uelzen. Sein entschiedenster Gegner war Propst von Issendorf,[387] der der bekennenden Kirche nahestand und die Tätigkeit der DC nach Möglichkeit behinderte. Etwa im April 1935 behauptete Blankerts von der Kanzel der Marienkirche, dass Landesbischof Marahrens,[388] einer der schärfsten Gegner der Reichskirche und der Deutschen Christen, abgesetzt sei. Nach einem Disziplinarverfahren wurde Blankerts darauf aus dem Dienst der Hannoverschen Landeskirche entlassen.[389]

---

[384] Niemann, Bd. 2, S. 422; Hermann Josef Blankerts (10.3.1893 in Spellen/Stadt Voerde; gest. Bonn 22.3.1969), LkA Schwerin 10.00.06, Nr. 390 u. 391; LkA Hannover N 48, Nr. 140; Geburtsurkunde: StA Voerde.
[385] Niemann, Bd. 2, S. 420.
[386] Niemann, Bd. 2, S. 443, 451; StA Uelzen II F Fach Nr. 116, Nr. 2 Deutsche Christen 1935-1946. Seit Mai 1935 wurden die Versammlungen der Deutschen Christen polizeilich überwacht, so dass nun Protokolle vorliegen. Im Folgenden wird auf die Protokolle jeweils unter ihrem Datum Bezug genommen.
[387] Friedrich Wilhelm von Issendorff, 12.9.1870 – 1.7.1956.
[388] Otte, Hans: „August Marahrens", in: NDB (1990), S. 100-101. (1875-1950).
[389] LkA Hannover N 048, I Nr. 140 Disziplinarangelegenheiten; die Karte ist entnommen aus: Zentner, Kurt: Illustrierte Geschichte des Dritten Reiches, München 1965, S. 391.

Am 16. Mai 1935 berichtete Blankerts den Gemeindemitgliedern in der überfüllten Stadthalle über die Vorgänge und weigerte sich, seiner Entlassung Folge zu leisten; tatsächlich wandte er sich an das Kirchenministerium in Berlin, das ihm bis zur Entscheidung der Reichsdisziplinarkammer Aufschub gewährte; also führte er bis März 1936 die monatlichen Mitgliederversammlungen durch, mal als „Ortsgruppenleiter", mal als „Bezirksobmann". Als das Urteil gegen ihn als „Ketzer" bestätigt wurde, trat er zunächst den Deutschen Christen Thüringens bei und erhielt danach eine Stelle als Prediger in Schwerin. Sein Kontakt nach Uelzen blieb jedoch erhalten und er wurde am 6. Februar 1938 im Auftrag der Mecklenburgischen Landeskirche als Pfarrer der DC in Uelzen erneut eingesetzt. An seine Stelle trat etwa 1940 Pfarrer Ernst Carl Hermann Stöckmann[390] aus Hannover, der zuvor schon mehrfach in Uelzen aufgetreten war, und betreute die DC-Gemeinde auch während des Krieges. Bereits

StA Uelzen II F Fach Nr. 116, Nr. 2; Entwurf mit Zensurvermerken. Es fehlt die Unterschrift Raubolds, des stellv. Obmanns der DC.

---

[390] „Pastoren in Lehrte" Nr. 26, (7.8.1886 – 19.11.1986), 1917 Pastor in Lehrte, 1930 in Elbingerode, am 1.10.1934 emeritiert. 1946 aus dem Dienst der Landeskirche entlassen.

am 12. Mai 1945 erwirkte er die Genehmigung der Britischen Militärbehörden, dass er die seelsorgerische Tätigkeit für die DC wiederaufnehmen dürfe. Er gab an, kein Mitglied der NSDAP gewesen zu sein – für einen Pfarrer der DC eine erstaunliche Aussage: Hatte er doch am 29. November 1943 gegenüber dem Uelzener Bürgermeister betont, aus dem Programm der DC gehe hervor, dass „wir von unseren Mitgliedern nationalsozialistische Gesinnung und kritiklose Treue zum Führer fordern".[391]

Aus den polizeilichen Protokollen der Mitgliederversammlungen zwischen dem 16. Mai 1935 und dem 1. Oktober 1937 ist ein deutlicher Mitgliederschwund und somit der Bedeutungsverlust der DC abzulesen. War die Stadthalle am 16. Mai 1935 wegen Überfüllung durch die Polizei geschlossen worden, so nahmen zwei Jahre später an den unregelmäßig stattfindenden Mitgliederversammlungen der DC meist weniger als 100 Personen teil, überwiegend Frauen und Kinder. Die Gründe für diese Entwicklung sind vielfältig. Nachdem die Gleichschaltung der evangelischen Kirche durch die Schaffung der Reichskirche gescheitert war und im Gegenteil sogar den Kirchenstreit ausgelöst hatte, verloren Partei und Staat anscheinend das Interesse an diesem Thema und den DC als Träger dieser Idee der Kircheneinigung. Aus Angst davor, noch mehr Unruhe zu erzeugen und dazu noch als unglaubwürdig dazustehen, konnte die Parteiführung sich nicht entschließen, die Kircheneinigung per Erlass[392] herzustellen. Wenn die Partei in religiösen Dingen „neutral" erscheinen wollte, musste sie Distanz zu den Deutschen Christen wahren. Obwohl die DC selbst stets ihre große Nähe zum Nationalsozialismus hervorhoben und sich regelrecht anbiederten, wurden die DC-Vereine durch die Behörden behandelt und überwacht wie andere auch: Der Ortsgruppenleiter der Uelzener NSDAP, Erwin Schulz, ließ am 16. Mai 1935 aus dem Versammlungsraum der DC die Hakenkreuzfähnchen entfernen, um die Neutralität der Partei in religiösen Angelegenheiten zu betonen. Nach einer Anweisung der Gestapo vom 9. März 1937 durften Kirchenwahlversammlungen nur in kirchlichen Räumen stattfinden, ausdrücklich nicht in Räumen, die von der Partei zu Versammlungen genutzt würden. Und Pastor Blankerts wurde im April 1938 öffentlich dafür gerügt,

---

[391] StA Uelzen II F Fach Nr. 116, Nr. 2, Bl. 14.
[392] Das Gesetz zur Sicherung der Deutschen Evangelischen Kirche v. 24.9.1935 ermächtigte den Reichskirchenminister Kerrl dazu. Vgl. dessen Ausführungen in Volkszeitung Nr. 261, 2.12.1937 (in StA Uelzen II F Fach Nr. 116, Nr. 2).

dass er zu einem „Schulungsabend" der DC eingeladen habe, wo doch der Begriff „Schulung" nationalsozialistischen Veranstaltungen vorbehalten sei.[393] Vereinsrechtlich wurde die Tätigkeit der DC dadurch eingeschränkt, dass gemäß einem Erlass der Gestapo vom 12. Februar 1936 die DC nicht als überkonfessionelle Bewegung anzusehen seien. Daher dürften sie keine öffentlichen Mitgliederversammlungen mehr abhalten, geschlossene Versammlungen seien ordentlichen Mitgliedern vorbehalten. Öffentliche Versammlungen kirchlich-konfessionellen Charakters außerhalb der Kirche waren ohnehin seit dem 7. Dezember 1934 verboten, so durfte beispielsweise eine Erntedank-Andacht am 5. Oktober 1935 nicht auf einem Gemeindeabend der DC stattfinden.

Auf der Mitgliederversammlung vom 29. Mai 1936 wurde bekanntgegeben, dass Hermann Teichmann seinen Posten als Obmann der Deutschen Christen aufgegeben habe, „weil er mit Arbeit überhäuft" sei. Die Gründe für Teichmanns Rückzug sind unbekannt, die angeführte Begründung kann nicht überzeugen. Vermutlich war er mit dem radikalen Kurs Blankerts nicht einverstanden oder verzweifelte an der Ablehnung der Deutschen Christen durch Staat und Partei. Jedenfalls aber bleibt festzuhalten, dass er als verantwortlicher Leiter der DC in Uelzen vier Jahre lang nationalsozialistisches Gedankengut vertreten hat.

Zehn Jahre später spielte diese Tatsache in seinem Entnazifizierungsverfahren keine Rolle. Die Deutschen Christen gehörten nicht zu den 62 NS-Organisationen, die 1945 durch den Kontrollrat verboten wurden.[394] Propst v. Issendorf, Teichmanns entschiedener Gegner in den Jahren 1933-1936, hob 1947 dessen Kirchentreue lobend heraus: „Es dürfte also doch die Bindung an die Kirche, wie es sich für einen Religionslehrer als selbstverständlich gelten sollte, fester gewesen sein als Parteiwünsche und Parteigehorsam. Herr T. hat sich vielmehr zu den sogen. Deutschen Christen gehalten."[395]

Diese Einschätzung scheint auch den Entnazifizierungs-Berufungsausschuss beeindruckt zu haben, der Teichmann am 26. Januar 1949 letzlich in Kategorie IV ohne Auflagen eingliederte.[396] Wegen seiner Formalbelastung –

---

[393] AZ Nr. 94, S. 13, 23./24.4.1938 „Keine Schulungspsychose!"

[394] https://de.wikipedia.org/wiki/Kontrollratsgesetz_Nr._2.

[395] Entnazifizierungsakte 2, Bl. 2, Schreiben des Propsts v. Issendorf, Uelzen, 16.7.1947.

[396] Entnazifizierungsakte 1: Entnazifizierungs-Entscheidung v. 26.1.1949 (auf Antrag v. 25.11.1948): Kat IV, keine Auflagen.

dem frühzeitigen Parteieintritt – hatte man ihn allerdings zunächst als überzeugten Nazi angesehen und ihm, der bereits seit dem 1. Oktober 1933 pensioniert war, aus seinem Amt entlassen und Konten sowie Vermögen gesperrt;[397] dann wollte man ihm die Pension entziehen[398] und schließlich ging es noch um die Höhe der Verfahrenskosten. 200 DM meinte Teichmann nicht tragen zu können und er argumentierte letztlich erfolgreich[399] mit seinen hohen Ausgaben für Ärzte und Medikamente sowie den Kosten für den Unterhalt seiner Enkel, seiner Tochter mit Mann und seiner Schwiegertochter, die zeitweise in seiner Wohnung lebten.[400]

Hermann Teichmanns väterliche Verantwortung gerade auch als Christ reichte jedoch über diesen materiellen Bereich hinaus. Sein Sohn Ludwig war während des Krieges führend in SS-Einsatzgruppen in Belgien und auf dem Balkan im Rahmen der „Endlösung der Judenfrage" tätig. Wir wissen nicht, ob Hermann Teichmann über die verbrecherische Tätigkeit seines Sohnes irgendwie unterrichtet war. Im Fragebogen vom 30. Oktober 1947 gibt er an, sein Sohn sei seit Mai 1946 vermisst.[401] Anfang 1949 schrieb er in der Begründung seines Widerspruchs gegen die Verfahrensgebühren, er müsse auch die Witwe seines Sohnes unterstützen. Ludwig Teichmann war bei Kriegsende von den Briten gefangen genommen, in Esterwegen interniert und dann nach Jugoslawien ausgeliefert worden. Vor dem Militärgerichtshof in Belgrad wurde das Verfahren wegen Kriegsverbrechen gegen Ludwig Teichmann und andere eröffnet, Ludwig Teichmann wurde am 22. Dezember 1946 zum Tod durch den Strang verurteilt und am 24. Januar 1947 hingerichtet.[402] Über die Trauer um den Verlust des Sohnes hinaus wird Hermann Teichmann, beispielhaft für viele Väter, sich die Frage nach seiner Verantwortung für die Entwicklung seines Sohnes zu stellen und zu beantworten gehabt haben. Er starb am 23. März 1960.

---

[397] Entnazifizierungsakte 2: Einreihungsbescheid v. 16.1.1948 nach Berufung.
[398] Entnazifizierungsakte 1: Opinion Sheet, 24.4.1947.
[399] Gemäß Beschluss v. 26.6.1949 auf 20 DM ermäßigt.
[400] Entnazifizierungsakte 1: Schreiben Teichmanns an den Entnazifizierungs-Hauptausschuss Krs. Uelzen, 26.1.1949; Einspruch Teichmanns gegen Gebührenfestsetzung v. 200 DM, Uelzen, d. 17.6.1949.
[401] NLA HA Nds. 171 Lüneburg, Nr. 59838 Entnazifizierungsakte Hermann Teichmann: Fragebogen v. 30.10.1947, zu Frage 101.
[402] https://de.wikipedia.org/wiki/Ludwig_Teichmann; https://forum.axishistory.com/ looking for bio on Ludwig Teichmann.

ZIMMERMANN, ERNST

Dr. Karl Wilhelm <u>Ernst</u> Zimmermann leitete das Lyzeum in Uelzen seit dem 1. Oktober 1925 als Studiendirektor und, nach Erweiterung der Schule zur Oberschule für Mädchen, ab 1. April 1938 als Oberstudiendirektor.

Am 22. August 1884 in Iburg geboren, machte er im Frühjahr 1904 am Lüneburger Johanneum Abitur und studierte danach von 1904 bis 1910 in Marburg, Berlin und Göttingen, wo er im Juli 1908 zum Dr. phil. promoviert wurde und am 19. Februar 1909 die Lehramtsprüfung in Deutsch, Geschichte und Religion ablegte. Seit dem 1. April 1911 bis 1919 war er dann Inhaber einer Planstelle als Oberlehrer in Hanau.[403] Nun heiratete Zimmermann (25. Juli 1911), sein Sohn Joachim wurde am 23. März 1914 geboren, Sohn Rudolf folgte am 7. März 1921. Zimmermann stammte aus einer Beamtenfamilie. Er selbst schreibt dazu: „Nach Herkommen und Erziehung – meine Großväter waren Amtsdiener und Webermeister, mein Vater mittlerer Justizbeamter – stand ich den einfachen Kreisen unseres Volkes nahe. In meinem christlichen Elternhaus lernte ich früh, sozial zu denken und zu handeln." Als Beamter habe er getreu seinem Diensteid „allen Regierungen und Obrigkeiten, die nach den Worten des Apostels Paulus ja den Menschen von GOTT gesetzt sind, die schuldigen Dienste geleistet, n i c h t in blindem Gehorsam, sondern unter gewissenhafter Prüfung des Möglichen und Notwendigen."[404] Für Parteipolitik hingegen scheint in seinem Leben kein Raum gewesen zu sein.

Am 11. März 1915 wurde Zimmermann zur Wehrmacht eingezogen und nahm vom 17. Mai 1915 bis zum 7. August 1917 am Krieg teil, seit dem 5. April 1916 als Gefreiter. Am 15. August 1917 wurde er reklamiert, um am Gymnasium Hanau bis zum 31. Dezember 1918 als Vertreter des erkrankten Schulleiters verwendet zu werden.[405] Seit dem 1. Juli 1919 war er in Brandenburg an der Havel als Studienrat zunächst am Staatlichen Oberlyzeum tätig, am 1. April 1921 wechselte er zum dortigen v.Saldernschen Realgymnasium über, wo er als stellvertretender Direktor tätig war. Er schreibt über diese Jahre: „Als

---

[403] Angaben nach Personalakte Zimmermann: NLA HA Hann. 180 Hannover Acc. 15/89 Nr. 486 und Entnazifizierungsakte NLA HA Nds. 171 Lüneburg Nr. 63162.
[404] Entnazifizierungsakte Bl. 41: Einspruch gegen Einreihungsbescheid v. 31.12.1948 [1947], 20.3.1948.
[405] StA Uelzen II G 7 Fach Nr. 127, Nr. 8 Anstellung des Dr. Zimmermann, Lebenslauf.

Lehrer an der Volkshochschule und ehrenamtlicher Leiter einer Volksbibliothek in Brandenburg a.d.Havel in den Jahren 1920-25 kam ich mit der werktätigen Bevölkerung in enge Berührung und lernte ihre wirtschaftliche und geistige Not kennen. So festigte sich in mir angesichts der Arbeitslosigkeit und der steigenden Zerrissenheit unseres Volkes der Glaube, dass nur ein Verstehen zwischen dem Arbeiter und den gebildeten und besitzenden Schichten die Rettung bringen könnte."[406]

Zum 1. Oktober 1925 bewarb er sich um die Direktorenstelle am Uelzener Lyzeum und wurde aufgrund seiner Referenzen einstimmig ausgewählt, wie Ex-Bürgermeister Farina 1946 noch einmal bestätigte.[407] In seiner Antrittsrede machte er sich für die neue Pädagogik stark; alle Schüler und Schülerinnen hätten gleiches Recht auf Selbstverwirklichung und die Pflicht, alle Kräfte in den

StA UE S 803 Nr. 1304 Lyceum am Herzogenplatz

Dienst des Vaterlandes zu stellen. Als sein Ziel formulierte er die Erneuerung

[406] Entnazifizierungsakte Bl. 41: Einspruch gegen Einreihungsbescheid v. 31.12.1948 [1947], 20.3.1948.
[407] Entnazifizierungsakte, Farina an den Berufungsausschuss für entlassene Lehrpersonen, z.H.v. Herrn OStD Dr. Höpken, Abt. Kirchen und Schulen, Uelzen, d. 26.6.1946, Anfrage v. 20.6.1946 wg. pol. Betätigung Zimmermanns; vgl. auch StA UE Anstellung Zimmermanns.

Deutschlands, „die Schaffung einer einheitlichen Volkskultur, Volksgesittung und -gesinnung".[408] Dass er mittlerweile in einem demokratischen Staatswesen tätig war, bleibt nahezu unerwähnt.

Sein beruflicher Ehrgeiz war mit seiner Ernennung zum Schulleiter befriedigt, wie er selbst formuliert. Er war sich aber durchaus bewusst, dass seine Stellung als „demokratischer" Direktor durch die politische Entwicklung bedroht war: „Mich nach dem Vorbilde einer Reihe von Berufskameraden schon zu Zeiten der Weimarer Verfassung und 1933 auf den scheinbar neutralen Boden des Stahlhelms zu begeben, hinderten mich meine Erfahrungen des Weltkrieges 14/18, den ich als einfacher Soldat mitgemacht habe, und meine Erfahrungen in meiner Amtstätigkeit mit den „Sonderwünschen", die aus diesen und den Kreisen der sog. Gesellschaft oft herangebracht wurden. Freunde habe ich mir mit dieser ablehnenden Haltung, die meinem sozialen Empfinden entsprang, nicht gemacht, zumal in einer kleinen Stadt wie Uelzen."[409]

Nachdem Hitler dann tatsächlich zum Reichskanzler ernannt worden war, entschloss sich Zimmermann, in die NSDAP einzutreten.[410] Zu seiner Rechtfertigung führte er 1948 gegenüber der Kategorisierungskammer mehrere Gründe für diesen Schritt an. Da er überzeugt gewesen sei, dass „nur ein Verstehen zwischen dem Arbeiter und den gebildeten und besitzenden Schichten die Rettung bringen könnte", habe er geglaubt, sich Hitler „nicht versagen zu dürfen, um einer guten Sache zu dienen". Hitler habe versprochen, die Arbeitslosigkeit zu beseitigen, die soziale Frage zu lösen und er habe sich in seinem Programm auf den Boden des Christentums gestellt.[411] Ein kritischerer Geist hätte sich mit reinen Versprechungen dieser Art nicht zufriedengegeben. Und dass das Programm der NSDAP auf dem Christentum fußte, ist ebenfalls eher als Wunschdenken zu werten. Im Parteiprogramm der NSDAP – den 25 Punkten von 1920 – wird in Punkt 24 die Freiheit aller religiösen Bekenntnisse im Staat gefordert, „soweit sie nicht dessen Bestand gefährden oder gegen das Sittlichkeits- und Moralgefühl der germanischen Rasse verstoßen." Die Partei

---

[408] Allgemeine Zeitung 16.10.1925 „Feierliche Einführung des neuen Leiters unseres Lyzeums in sein Amt".
[409] Entnazifizierungsakte Bl. 41: Einspruch gegen Einreihungsbescheid v. 31.12.1948 [1947], 20.3.1948.
[410] NSDAP-Mitglied ab 1.5.1933: Nr. 2.624.205.
[411] Entnazifizierungsakte Bl. 41: Einspruch gegen Einreihungsbescheid v. 31.12.1947, 20.3.1948.

als solche vertrete den Standpunkt eines „positiven Christentums, ohne sich konfessionell an ein bestimmtes Bekenntnis zu binden."[412] Im Sachverzeichnis von „Mein Kampf" fehlt das Stichwort „Christentum"[413]; Hitler betont im Text die Neutralität der NSDAP gegenüber den Konfessionen und „sieht in den beiden religiösen Bekenntnissen gleich wertvolle Stützen für den Bestand" des deutschen Volkes. Ziel sei die Schaffung eines „germanischen Staates deutscher Nation".[414] Von christlicher Ethik als Grundlage des Nationalsozialismus kann jedoch keine Rede sein.

DER SINN DES HITLERGRUSSES:

Kleiner Mann bittet um große Gaben

Weiter erklärte Zimmermann ausdrücklich, er hätte sich 1933 schwerlich der Partei angeschlossen, wenn ihm „die starken Bindungen Adolf Hitlers an die Schwerindustrie und den Kapitalismus […] zugleich mit den Verbrechen gegen die Menschlichkeit in den KZ-Lagern u.s.w. bekannt" gewesen wären.[415] „Wie konnte der einfache deutsche Mensch [das] ahnen?" Indem Zimmermann die Bindungen Hitlers an die Schwerindustrie in Zusammenhang bringt mit den Verbrechen der Nationalsozialisten gegen die Menschlichkeit, nimmt er die Großindustrie mit in die Verantwortung; er selbst distanziert sich jedoch von beiden, weil er von nichts gewusst habe. Die bekannte Fotomontage John Heartfields vom Oktober 1932 in der „Arbeiter-Illustrierten-Zeitung" steht beispielhaft für die damals auf linker wie auf konservativer Seite verbreitete Überzeugung, dass Hitler und die NSDAP von

---

[412] Rosenberg, Alfred (Hg.): Das Parteiprogramm. Wesen, Grundsätze und Ziele der NSDAP, München [25]1943, S. 13.
[413] Hitler, Adolf: Mein Kampf, München [429]1939, S. IX.
[414] Mein Kampf, S. 632, 379 und 362.
[415] Entnazifizierungsakte Bl. 41: Einspruch gegen Einreihungsbescheid v. 31.12.1947, 20.3.1948.

der Großindustrie unterstützt würden.[416] Wenn Zimmermann 1948 also Unkenntnis vorgibt, so erscheint das als unglaubwürdig, zumal er durchaus kein „einfacher deutscher Mensch" war, sondern ein Akademiker und kritischer Denker. Seine Rolle als gutgläubiger, nichtsahnender Bürger, der von Hitler getäuscht wurde, soll anscheinend seine persönliche Verantwortlichkeit überdecken.

Als weiteres Motiv für seinen Parteieintritt führte Zimmermann an, er habe „sich dem Rufe nicht entzogen".[417] Wie in anderen Fällen auch[418] war anscheinend die Partei an den Leiter des Lyzeums herangetreten, um ihn zum Parteieintritt aufzufordern: Ein führender Parteigenosse – offenbar Otto Pöppelmann, der Ortsgruppenleiter – habe ihm eröffnet, „dass sich die in leitender Stellung tätigen Beamten jetzt entscheiden müssten, wenn sie nicht Gefahr laufen wollten, entlassen zu werden."[419] Das Gesetz zur „Wiederherstellung des Berufsbeamtentums" vom 7. April 1933, durch das die Nationalsozialisten die Machtübernahme in der öffentlichen Verwaltung vollzogen, bot vielfache Handhaben, missliebige Beamte zu degradieren, zu versetzen oder zu entlassen. Da Zimmermanns berufliche Existenz – und damit auch die Lebensgrundlage seiner Familie – bedroht schien, ist seine Entscheidung zum Parteieintritt verständlich. Und auch die folgende taktische Begründung ist nachvollziehbar. Als Schulleiter musste Zimmermann „mit der ‚Machtübernahme' damit rechnen, dass der ‚dritte Erziehungsfaktor' – die HJ – [ihm] allerlei zu schaffen machen würde." Er hatte vermutlich die Vorgänge im Uelzener Realgymnasium vor Augen, wo seit Anfang 1933 durch die HJ, angestachelt u.a. von Ortsgruppenleiter Pöppelmann, „eine arge Hetze gegen ‚rückständige' Lehrer einsetzte."[420] „War es unter solchen Umständen nicht besser, als Pg. diesen jungen Herrschaften gegenüber zu treten, als solcher Einsicht in ihre Pläne zu gewinnen, um leichter raten und Unheil abwenden zu können?"[421]

---

[416] https://de.wikipedia.org/wiki/Großindustrie_und_Aufstieg_der_NSDAP.
[417] Einspruch gegen die erneute Entlassung v. 21.5.1946, 12.6.1946 [irrtümlich 12.6.1945].
[418] Zu Otto Pöppelmann, HW Nr. 27, 6.7.2024, S. 106; zu Helmuth König (2. Manuskriptseite). An seiner Schule hatte Pöppelmann ja auch etliche Kollegen zum Parteieintritt gedrängt: Nanninga, Folkert: Wider den nationalsozialistischen Ungeist, Uelzen 2023, S. 22, 62.
[419] Entnazifizierungsakte Bl. 41: Einspruch gegen Einreihungsbescheid v. 31.12.1947, 20.3.1948.
[420] Nanninga, Ungeist, S. 22: Darstellung Wilhelm Lotts.
[421] Entnazifizierungsakte Bl. 41: Einspruch gegen Einreihungsbescheid v. 31.12.1947, 20.3.1948.

Viel weiter ging Zimmermanns Engagement für die NSDAP allerdings nicht. Er trat zwar der NSV und dem NS-Lehrerbund bei[422] und habe den NSLB als Mittel verstanden, zwischen Volksschullehrern und Lehrern der Höheren Schulen gegenseitiges Verständnis zu fördern. Das sei auf beiden Seiten kaum auf Gegenliebe gestoßen. 1933 war auch für zwei Monate Mitglied bei den Deutschen Christen. In der Partei und ihren Gliederungen habe er jedoch niemals ein Amt bekleidet und „habe es auch abgelehnt, einer Aufforderung des Kreisleiters, propagandistische Lichtbildervorträge zu halten, nachzukommen.[423]

In seiner Eigenschaft als Schulleiter sei er bemüht gewesen, alle Anweisungen seiner Vorgesetzten seinem Diensteid gemäß auszuführen,[424] – am 28. August 1934 war er auf Adolf Hitler vereidigt worden. Diese Haltung entsprach seinem Selbstverständnis und bot ihm Sicherheit gegenüber Kritik seiner Vorgesetzten, ließ ihn aber auch als Erfüllungsgehilfen und aktiven Nationalsozialisten erscheinen. Sein Dienstvorgesetzter urteilte: „Bei seiner großen Gewissenhaftigkeit und Arbeitskraft stellte er auch an seine Lehrer hohe Anforderungen und bestand mitunter etwas pedantisch auf der Durchführung seiner Anordnungen. Dadurch mag er gelegentlich eine Lehrkraft verstimmt und gegen sich eingenommen haben.“[425]

Oberstes, von [ihm] vertretenes Gesetz für Lehrerschaft und Schülerinnen sei gewesen, <u>weltanschaulich</u> in der Schule den Frieden zu halten. Wer sich dieser Forderung nicht unterwerfen konnte, schloss sich selbst von unserer Gemeinschaft aus. Nach außen hin habe er sich jedoch in der Erfüllung seiner dienstlichen Aufgaben „allen Eingriffen des NSLB und anderer leitenden Stellen in den inneren Dienstbetrieb energisch widersetzt.“ Schülern und Eltern habe er vor und nach 1933 gesagt, „daß nicht leere große Worte sondern echte Kameradschaft der helfenden Tat ihr Leben bestimmen sollte, daß die bessere Schulausbildung zu höherer Leistung verpflichte und daß die Schule, die sie

---

[422] Personalblatt: NSLB 1.5.33, Nr. 28.957; NSV 1.5.1933: Nr. 19450.

[423] Entnazifizierungsakte Bl. 41: Einspruch gegen Einreihungsbescheid v. 31.12.1947, 20.3.1948; vgl. Anlage zum Fragebogen 11.11.1945: „Eine Aufforderung der Kreisleitung, das Lichtbildarchiv zu verwalten und rednerisch auszuwerten, habe ich abgelehnt.“

[424] Entnazifizierungsakte, Vernehmungsprotokoll Zimmermanns, 26.4.1947 (durch Wachtmeister Henschel auf Veranlassung der Mil. Reg.).

[425] Entnazifizierungsakte, Leumundszeugnis des Oberschulrats Dr. Dudenhausen, Hannover, d. 24.6.1946, auf Anforderung v. 20. Juni 1946.

besuchten, keine Standesschule sei."[426] Unter den Bedingungen einer Diktatur eine so differenzierte Position einzunehmen, verlangte die „gewissenhafte Prüfung des Möglichen und Notwendigen", wie Zimmermann hervorhob.[427]

Beim Brand der Mittelschule im April 1945 waren auch alle Unterlagen vernichtet worden, so dass sich heute nur noch an wenigen Beispielen nachvollziehen lässt, welche Konfliktsituationen Zimmermann als Schulleiter zu bewältigen hatte. Viele seiner Schülerinnen waren im BdM organisiert, der seit 1931 in die HJ integriert war. Wegen des Fernbleibens seiner Schülerinnen vom Unterricht „aus dienstlichen Gründen" hatte Zimmermann häufiger Meinungsverschiedenheiten mit der HJ-Führung.[428] Im April 1936 forderte er zudem Unterscharführer Gerhard Reinecke zu einer Stellungnahme zu dessen Versuch auf, den Schülern das Tragen der Schülermütze außerhalb der Schule zu untersagen.[429] Im Kern ging es bei derartigen Querelen allerdings um die Frage, wieviel Einfluss die Schulleiter innerhalb ihrer Schule der HJ einräumten.

Der neue Schulleiter des Realgymnasiums, Wilhelm Lendle, ein Nationalsozialist reinsten Wassers, wies bereits in seiner Antrittsrede vom 5. November 1934 die HJ deutlich in ihre Schranken.[430] Auf Lendles Betreiben mussten die Rädelsführer und weitere HJ-Angehörige die Schule verlassen, weil sie ein Komplott gegen StR Steinmeyer geschmiedet hatten.[431] Unterscharführer Reinecke akzeptierte die Grenzen, die Lendle setzte, anscheinend übte auch der neu eingeführte Verbindungsmann zwischen Kollegium und HJ, StR Dr. Hartmut Schurig, einen mäßigenden Einfluss aus. Der Jugendwalter Ernst Haupt wurde 1935 als HJ-Führer und Jugendwalter abgesetzt und durch Gerhard Reinecke ersetzt.[432] Es mag überraschen, dass ein eingefleischter Nationalsozialist so

---

[426] Entnazifizierungsakte, Anlage zum Fragebogen v. 11.11.1945.

[427] Entnazifizierungsakte Bl. 41: Einspruch gegen Einreihungsbescheid v. 31.12.1947, 20.3.1948.

[428] Leumundszeugnis Hermann Krollpfeiffer, 16.12.1945; vgl. auch Leumundszeugnis v. Th. Böttcher, Konrektor Mittelschule, 17.12.1945.

[429] Entnazifizierungsakte, Dr. Zimmermann an Unterscharführer Reinicke, 8. April 1936 (Original aus dem Bestand der Oberschule für Jungen).

[430] Becker, Jürgen: Zur Geschichte der Hitler-Jugend in Uelzen, in: Uelzener Beiträge, Bd. 13 (1995), S. 102: Von „Mißtrauen der Schulleiter" kann wohl keine Rede sein, es ging eher um praktische Fragen wie Heizung, Reinigung, Schadensregulierung.

[431] NLA HA Nds. 171 Lüneburg Nr. 59434 RA Dr. Schöning an den Hauptausschuss 18.2.1949.

[432] HEG-Archiv, Unterscharführer Reinecke an OStD Lendle, Uelzen, 23.8.1935.

konsequent gegen die Jugendorganisation seiner Partei vorging, als Schulleiter konnte Lendle jedoch keine unqualifizierten Einmischungen von außen, vor allem kein Infragestellen der Autorität der Lehrer dulden.[433]

Ganz auf dieser Linie dachte und handelte auch Zimmermann: „Niemals habe ich mich bei der Lösung [der] erzieherischen[n] Aufgabe[n] auf die Hitlerjugend verlassen, im Gegenteil, ich bin von Anfang an der Formlosigkeit und der Überbeanspruchung der HJ entgegengetreten."[434] Ende 1944 sah Zimmermann anscheinend die Schülerinnen seiner 8. Klasse durch die Hitlerjungen bedroht. Die Uelzener HJ hatte die Aufgabe, an der Wesermündung eine Gruppe von Schanzarbeitern zu verpflegen und wollte dazu auch die Mädchen des Lyzeums einsetzen.[435] Zimmermann war dort selbst dienstverpflichtet gewesen und mit den Umständen vertraut, so dass er seinen Schülerinnen und deren Eltern dieses Erlebnis ersparen wollte. Um die Mädchen dem Zugriff der HJ zu entziehen, hatte er sich an das Arbeitsamt gewandt und die ganze Klasse zur Arbeit in der Munitionsfabrik Karwitz dienstverpflichten lassen. „Leider haben viele Eltern aus Unkenntnis der Zusammenhänge mir dieserhalb gegrollt und in der Betreibung des Einsatzes eine besondere nationalsozialistische Haltung gesehen."[436] Den Beteiligten dürfte unbekannt gewesen sein, dass die Munitionsfabrik nicht in Karwitz, sondern in Neu Tramm stand, einem „Scheindorf für geheimste militärische Zwecke", wo seit Anfang 1944 Raketen des Typs V1 und V2 montiert wurden.[437]

---

[433] Nanninga, Ungeist, S. 27f.; vgl. auch Nanninga, Folkert: Denazifizierung und Dorfgemeinschaft, NdsJb 91 (2019), S. 352: Otto Waltje, Lehrer in Bienenbüttel, glaubte sich ohnmächtig gegenüber der HJ, sein Kollege Heinrich Meier in Beverbeck bekämpfte sie vehement und stritt sich deswegen auch mit seinem Schulrat.

[434] Personalakte, Zimmermann an die Abteilung höhere Schulen, 12.6.1945 [46!].

[435] Becker, HJ, S. 109-112 stellt die zunehmenden Dienstpflichten der HJ in der Kriegszeit dar; besonders belastend dürften die Betreuung der ausgebombten Hamburger und die Aufräumarbeiten nach den Angriffen auf Uelzen für die Jugendlichen gewesen sein. Zimmermanns Aktion wurde nicht öffentlich, daher weiß Becker nichts davon.

[436] Personalakte Bl. 41: Einspruch gegen Einreihungsbescheid v. 31.12.1947, 20.3.1948 und Bl. 43 Antrag des öffentl. Klägers v. 28.10.48. Vgl. auch der Fall Drögemüller: NLA HA Hann. 180 Lüneburg Acc. 3/151, Nr. 36: Er hatte in der Endphase des Krieges eine Gruppe Hitlerjungen ins Gelände geführt und sie eine Verteidigungsstellung bauen lassen; in seinem Entnazifizierungsverfahren argumentierte er, er habe die Jungen retten wollen.

[437] www.vordem.de/2006-Neu-Tramm.htm. Karwitz, etwa 9 km westlich von Dannenberg an der B 191; Neu Tramm etwa 5 km westlich von Dannenberg, ein Kasernengelände mitten im Wald, als Rundling getarnt.

Als Dienstvorgesetzter erwartete Zimmermann von seinem Kollegium, dass es seine Anweisungen strikt umsetzte; er wollte sich anscheinend absichern. Sein Schulrat empfand das allerdings als etwas pedantisch. Im November 1943 wurde eine Lehrerin aus seinem Kollegium, die Hauswirtschaftslehrerin Hollmann, aus dem Dienst entlassen, woran auch Zimmermann einen Anteil hatte. Kurz vor Kriegsausbruch hatte er sie gegen den Wunsch der Partei vorläufig eingestellt. Frl. Hollmann war anscheinend sehr religiös und fühlte sich berufen, auch Religion zu unterrichten. „Schon bei der Anstellung habe ich der Dame erklärt, dass sie, wenn sie innerhalb der Schule den gegebenen Anordnungen nachkäme und den von mir angestrebten Frieden auf religiösem und weltanschaulichem Gebiete nicht störte, sich in der Kirche nach Wunsch und Neigung betätigen könnte." Sie habe sich daran aber nicht gehalten. Ohne Wissen Zimmermanns habe sie beispielsweise in der 1. und 2. Klasse Religionsunterricht erteilt. Man habe das Problem dadurch gelöst, dass man die Eltern nachträglich eine Erklärung unterschreiben ließ, wonach Frl. Hollmann auf den besonderen Wunsch der Eltern gehandelt habe. „Herr Oberschulrat Dr. Dudenhausen […] billigte […] diese Lösung. Er ermahnte allerdings Frl. H., nunmehr die nötige Zurückhaltung zu wahren und jegliche Propaganda in der Schule zu unterlassen. Leider kam Frl. H. diesen Ermahnungen weiterhin nicht immer nach." So habe sie zugelassen, dass Schülerinnen, die sich vom BDM-Dienst hatten beurlauben lassen, um sich auf Prüfungen vorzubereiten, an dem von ihr geleiteten Bibelkreis teilgenommen hätten, was zu Unfrieden in der Klasse geführt habe. Schließlich sei Frl. H. aus dem Frauenwerk ausgetreten, weil sie die Einstellung des Frauenwerkes zum Christentum nicht billigen konnte. Aus dem gleichen Grunde sei sie auch nicht Mitglied des NSV geworden. Das Frauenwerk habe sich an die Kreisleitung[438] gewandt, die wiederum von Zimmermann Einzelheiten wissen wollte, der sie aber gemäß seinen Vorschriften an das Regierungspräsidium verwiesen habe. „Ich hatte durchaus den Eindruck, dass er [der Kreisleiter] von irgend einer Seite orientiert [also informiert] worden war." Auf Anforderung der Abteilung für höhere Schulen habe er dann einen amtlichen Bericht über den Vorgang verfasst, der zur Entlassung von Frl. Hollmann

---

[438] Im Vernehmungsprotokoll von Wachtmeister Josef Henschel wird Richard Ellenberg als Kreisleiter benannt. Dieser war Gaurichter und stellvertretender Kreisleiter, seit September 1944 Leiter des Gaupersonalamtes in Lüneburg. Am 19.6.1943 wurde Wolf Adolf Heinckes (14.2.1901 – 29.8.1986), MdR, zum Kreisleiter ernannt, am 14.9.1944 folgte ihm Heinrich Schneider.

geführt habe. Der Schulrat und er hätten das gerne vermieden, Frl. Hollmann habe sich ihre Entlassung aber selbst zuzuschreiben.[439]

Während des Krieges hatte Zimmermann große Mühe, einen kontinuierlichen Schulbetrieb aufrecht zu erhalten. Da sein Stellvertreter, OStR Troch, seit September 1939 ununterbrochen zur Wehrmacht einberufen war, stand er bei dieser Aufgabe weitgehend allein und versah sie mit großer Strenge. „Je länger der Krieg dauerte, desto mehr musste die Schule dem Elternhause zur Erhaltung von Zucht und Ordnung helfend zur Seite treten und solches um ihrer selbst willen verlangen und betonen. Mit Nationalsozialismus an sich hat die hierbei hervortretende Strenge nichts zu tun. Es ist einfach eine von GOTT gebotene sittliche Pflicht."[440] Privat beherbergte er in dieser Zeit den Sohn einer Halbjüdin, behandelte ihn wie einen eigenen Sohn und erteilte ihm Konfirmandenunterricht.[441]

Trotz seines Alters von fast 60 Jahren sollte Zimmermann Anfang 1944 zur Wehrmacht einberufen werden. Da er der einzige männliche Lehrer an der Schule war, erreichte Bürgermeister Farina jedoch, dass man Zimmermann „uk" stellte.[442] Im September 1944 wurde er jedoch für Schanzarbeiten notdienstverpflichtet; vom 7. bis zum 28. Oktober arbeitete er demgemäß in Sellstedt an der Wesermündung in einer Gruppe von 50 Mann an Verteidigungsstellungen.[443] Für diese Tätigkeit wurde ihm am 19.12.1944 das Kriegsverdienstkreuz 2. Klasse ohne Schwerter vom Kreisleiter überreicht.[444] Ab 7.11.1944 war Zimmermann dann noch Volkssturmsoldat, Teil des „letzten

---

[439] Entnazifizierungsakte, Vernehmungsprotokoll Zimmermanns, 26.4.1947 (durch Wachtmeister Henschel auf Veranlassung der Mil. Reg.)

[440] Personalakte Bl. 41: Einspruch gegen Einreihungsbescheid v. 31.12.1947, 20.3.1948; Leumundszeugnis Rudolf Greß, 17.12.1945: Z. „genießt das Vertrauen weiter Elternkreise und der Schülerinnen. Daß er es nicht allen recht machen kann und durch seinen Eifer und Korrektheit sich auch einmal Feinde gemacht hat, ist zu verstehen."

[441] Personalakte, Leumundszeugnis der Margarethe Reetz, Hamburg, 21.12.1945.

[442] Entnazifizierungsakte, Fragebogen v. 11.11.1945 – „uk"-Stellung am 22. April und 7. Juli 1944.

[443] Zu seiner Vertreterin bestimmte er die StR'in Gertrud Fahrtmann.

[444] Weitere Auszeichnungen: Ehrenkreuz für Frontkämpfer 2.1.1935 und Treudienstehrenzeichen in Silber 26.9.1938.

Aufgebots". Am 17. oder 18. April 1945 fiel das Gebäude der Mädchenschule dem Krieg zum Opfer, dabei verbrannten sämtliche Unterlagen.[445]

Am 1. November 1945 verfügte die britische Militärregierung die Dienstentlassung Dr. Zimmermanns und er wurde aufgefordert, den Fragebogen über seine NS-Vergangenheit einzureichen; darüber informierte ihn der Oberpräsident (Abt. höhere Schulen) am 21. November. Als Zimmermann das Entlassungsschreiben am 9. Dezember in Empfang nahm, übergab er die Dienstgeschäfte an OStR Troch und legte am 12. Dezember 1945 sofort erfolgreich Widerspruch gegen seine Entlassung ein. Am 21. Mai 1946 wurde er durch die Militärregierung jedoch ein zweites Mal aus dem Dienst entlassen.[446] Zimmermann widersprach erneut auf der Grundlage des am 12. Dezember 1945 eingereichten Materials. Als Grund für seine Entlassung wurde sein frühzeitiger Parteieintritt angeführt, bei der Frage, ob er als „eifriger Nazi-Unterstützer" einzuschätzen sei, waren die zuständigen Gremien allerdings uneins darüber, was sie der Militärregierung empfehlen sollten. Mitglieder der Entnazifizierungskammer, die ihn kannten, stimmten zunächst gegen ihn,[447] möglicherweise hatte auch sein Versuch, mit einem Kommissionsmitglied vorab ein Gespräch zu führen, sich gegen ihn ausgewirkt.[448] Im Oktober 1946 urteilte der Fachausschuss für Lehrer (5:4): „Unter Berücksichtigung der beigefügten Zeugnisse und der gehabten Aussprache, sowie des persönlichen Bekanntseins bei einigen Mitgliedern, besteht die Ansicht, daß Z. nicht als aktiver Nazi anzusprechen ist und somit versuchsweise als Lehrer wieder zugelassen werden kann, aber nicht in leitender Stellung als Direktor." Die Kammer entschied dagegen (5:3) „für die Einstufung: 3. ‚Eifriger Nazi-Unterstützer'. Es muß bewertet werden, daß der Bewerber als geistig gut befähigter Mensch 1933 Pg. wurde." Der Kammervorsitzende empfahl darauf der Militärregierung, die Sache als „Grenzfall" zu deuten und Zimmermann als nominellen Nazi-Unterstützer anzusehen, der

---

[445] Zum Kriegsende in Uelzen siehe auch: Niemann, Eckehard: Nachkriegszeit im Landkreis Uelzen, Varendorf 2021, S. 8-12.

[446] Personalakte, Schreiben v. 21.11.1945, 10.12.1945, 28.12.1945 und 21.5.1946.

[447] Entnazifizierungsakte, Opinion Sheet, 5.6.1946.

[448] Anfrage Zimmermanns bei [OStD Dr. Höpken] wg. eines Gesprächstermins über sein Berufungsverfahren; wird am 6.4.46 abgelehnt: „Ich pflege vor der Bearbeitung der Fälle durch die Kommission nicht persönlich mit den betreffenden Herren Rücksprache zu nehmen, um die Objektivität der Behandlung zu gewährleisten."

„nicht für weitere Beschäftigung als Erzieher, aber für Gewährung einer Pension von 75% empfohlen" werde.[449] Die Militärregierung genehmigte jedoch Zimmermanns Rückkehr in den Schuldienst am 1. Februar 1947: Die Britische Militärbehörde habe 1946 bei Aufhebung der Vermögenssperre und im Februar 1947 bei der Wiederzulassung zum Beruf geurteilt, dass er nicht zu den „verpflichtend zu Entlassenden" [mandatory removal] gehöre.[450] Schon am 7. Februar 1947 bat Zimmermann bei der Abteilung Höhere Schulen in Hannover um Wiederbeschäftigung bzw. um Informationen, wie er wieder Dienst tun könne.[451] Kurz darauf bat er zusätzlich darum, in Uelzen bleiben und an der Oberschule für Jungen Dienst tun zu dürfen.[452] Mit Erlass vom 18. März 1947 wurde diesem Wunsch entsprochen, anscheinend, ohne dass Zimmermann darüber informiert worden wäre.[453]

In der Folgezeit hatte es Zimmermann mit zwei parallelen Vorgängen zu tun. Zum einen suchte er mit Schreiben vom 24. März 1947 um seine Pensionierung nach:[454] Damit nahm ein mehrjähriger Streit mit der Stadt Uelzen seinen Anfang. Zum anderen begann im Rahmen der Entnazifizierung Zimmermanns Kategorisierungsverfahren, ausgelöst wahrscheinlich durch eine Anzeige gegen Zimmermann bei der Militärregierung. Diese beauftragte den Polizeiwachtmeister Henschel am 18. April 1947 mit der Untersuchung des Falles. Man warf Zimmermann vor, er sei ein „eifriger Nazi-Unterstützer" gewesen, habe „verschiedene Leute vor [der] Gestapo" angezeigt und „einen Lehrer, der Kindern Religionsunterricht erteilte, zur Entlassung gebracht."[455] Anzeige erstattet hatte der Direktor der Nova-Versicherung Fritz Krüger, geb. 1. April 1888, mit dem Zimmermann während der Schanzarbeiten im Oktober 1944

---

[449] Entnazifizierungsakte, Beurteilung der Kammer, 7.10.1946.
[450] Entnazifizierungsakte Bl. 41: Einspruch gegen Einreihungsbescheid v. 31.12.1947, 20.3.1948; Action Sheet 14.1.1947: Nominal Nazi … but due to early Party membership [1.5.33] is considered unsuitable … as a teacher. Action taken: reinstated 25.1.47.
[451] Personalakte, Gesuch des OStD Dr. Zimmermann an Minister für Wissenschaft, Abt. höhere Schulen (über Stadtdirektor Uelzen) v. 7.1.1947.
[452] Personalakte, Zimmermann an Ministerium für Volksbildung etc., 26.2.1947 (handschr.).
[453] Personalakte, Aktenvermerk, Hannover 27.5.1947; Schreiben an die Stadt Uelzen v. 27.5.1947 mit der Bitte um Mitteilung, ob Z. gemäß Erlass v. 18.3.47 in eine Studienratsstelle an der dortigen OfJ eingewiesen worden sei.
[454] Personalakte, Antrag auf Versetzung in den Ruhestand, 24.3.1947: Er fühle sich körperlich und geistig nicht mehr in der Lage, unterrichtliche Tätigkeit wieder aufzunehmen.
[455] Entnazifizierungsakte, Bericht Henschels vom 2.5.1947.

eine Auseinandersetzung gehabt hatte. Wachtmeister Henschel verhörte Zimmermann und Krüger am 24. April 1947 eingehend, dazu noch den damaligen Befehlshaber der Schanzarbeiter Hans Meixner, geb. 15.9.1903, und am 29. April den Lehrer Wilhelm Bräckerbohm,[456] dessen Name im Zuge der Vernehmungen aufgetaucht war. Henschel fasste seine Untersuchungsergebnisse am 2. Mai in einem Bericht zusammen: Er habe Beweise gefunden, dass Zimmermann kein „eifriger Nazi-Unterstützer" gewesen sei; Frl. Hollmann habe sich ihre Entlassung selbst zuzuschreiben und für die kurzzeitige Verhaftung Krügers durch die Gestapo sei nicht Zimmermann, sondern Bräckerbohm verantwortlich gewesen. Krüger habe den Sinn der Schanzarbeiten bezweifelt, sich ständig beklagt, sich vor der Arbeit gedrückt und sich schließlich krank gemeldet, ohne krank zu sein. Zimmermann und andere hätten ihn wegen seines unkameradschaftlichen Verhaltens zur Rede gestellt, verglichen mit dem, was seine Söhne an der Front leisteten, sei die Schanzarbeit eine geringe Mühe. Nachdem Krüger abgereist war, habe Bräckerbohm Meldung gemacht; die Gestapo habe ihn erst im Januar 1945 für drei Tage in Haft genommen, mehr sei nicht geschehen. Henschel schreibt: „Zusammenfassend habe ich den Eindruck, dass <u>Krüger</u>, der bereits vor 2 Jahren gegen <u>Bräckerbohm</u> die Worte hat fallen lassen: 'Sie Schwein, wir sprechen uns noch einmal wieder', auch im Falle Dr. Zimmermanns einem allerdings verspäteten Rachegefühl nachgehen will und aus diesem Grunde die Anzeige bei der Mil.Reg. erstattet hat. Das Charakterbild Krüger nach den vorliegenden Protokollen lässt aber auch den Schluß zu, dass er, der nach seiner eigenen Aussage Parteimitglied von 1933 war, sich gegen eine Benachteiligung in seiner leitenden Stellung durch diese Anschuldigung anderer bei der Mil.Reg. schützen will."[457]

Am 31. Dezember 1947 erging der Einreihungsbescheid, wonach Zimmermann als „Mitläufer" (Kat. IV) eingeordnet wurde mit der Einschränkung, „Als Erzieher, aber nicht in leitender Stellung zuzulassen oder Pension von 75% zu belassen."[458] Gegen diesen Bescheid legte Zimmermann am 20. März 1948 Widerspruch ein,[459] dem die Berufungskammer schließlich am 17. November 1948 Rechnung trug, indem sie den Einreihungsbescheid der Militärregierung

---

[456] HW Nr. 26 (29.6.2024), S. 102.
[457] Entnazifizierungsakte, Bericht Henschels vom 2.5.1947.
[458] Entnazifizierungsakte, Empfehlung von Captain F.R. Goulden, 29.12.1947.
[459] Entnazifizierungsakte, Bl. 41 Einspruch gegen Einreihungsbescheid v. 31.12.1947, 20.3.1948.

vom 31.Dezember 1947 aufhob und Zimmermann lediglich als „Unterstützer" des Nationalsozialismus einordnete, ohne ihm Beschränkungen aufzuerlegen.[460] Die völlige Entlastung Zimmermanns sei jedoch nicht möglich, weil dieser „den weltanschaulichen Forderungen der Partei [...] auch gegenüber dem Lehrerkollegium Geltung verschafft" und „seine Mitarbeiter aufgefordert [habe], sich an der Arbeit des NS-Lehrerbundes zu beteiligen"; außerdem habe er Frl. Hollmann „nicht in Schutz genommen, sondern über ihr Verhalten in einem für sie ungünstigen Sinne berichtet".[461]

Zimmermanns Gesuch, als Oberstudiendirektor pensioniert zu werden, das er auf dem üblichen Dienstweg über die Stadtverwaltung bei seinem Dienstherrn in Hannover eingereicht hatte, wurde von den Gremien der Stadt Uelzen im April 1947 befürwortet;[462] die Stadtverwaltung bat darauf am 5. Mai 1947 bei der Abteilung für Höhere Schulen in Hannover um die Genehmigung der Pensionierung. Der Dienstherr fragte am 27. Mai zurück, ob die Voraussetzungen für die Pensionierung (Dienstunfähigkeit) gegeben seien und ob Zimmermann, wie zuvor angeordnet, in eine Planstelle eingewiesen worden sei. Aus einem Aktenvermerk vom selben Tag erhellt, um welche rechtlichen Probleme es hintergründig ging. Das Land Niedersachsen, das am 8. November 1946 durch die Verordnung Nr. 55 der Britischen Militärregierung gegründet worden war, hatte durch das Gesetz zur vorläufigen Ordnung der Niedersächsischen Landesgewalt vom 11. Februar 1947 einen groben rechtlichen Rahmen erhalten; im Prinzip sollte Kontinuität der Verwaltung gewahrt bleiben, indem die Befugnisse der ehemaligen obersten Landesbehörden auf die neuen Staatsministerien übergehen sollten (§ 10). In dem genannten Aktenvermerk wird demgemäß betont: „Es muß festgehalten werden: Pensionierungen städtischer Lehrkräfte werden von hier ausgesprochen." Die Betonung dieses Grundsatzes lässt vermuten, dass die städtischen Behörden das anzweifeln könnten. Auch ein weiteres Problem für Zimmermann wurde angesprochen: Um wegen Dienstunfähigkeit pensioniert werden zu können, müsste sich Zimmermann zuvor in

---

[460] Entnazifizierungsakte, Entnazifizierungsentscheidung vom 17.11.1948 (auf Antrag des öffentlichen Klägers v. 28.10.1948).

[461] Entnazifizierungsakte Bl. 43: Antrag des öffentlichen Klägers v. 28.10.48.

[462] „Der Stadtberatungsausschuss der Stadt Uelzen hat in seiner Sitzung vom 30.4.1947 den Antrag des Oberstudiendirektors Dr. Zimmermann auf Versetzung in den Ruhestand mit Wirkung vom 1.3.1947 genehmigt. Ich bitte zu dem Antrage die Genehmigung erteilen zu wollen. Gez I.V.Forch."

eine Beamtenstelle einweisen lassen; wenn er dann, wie vorgesehen, aus einer Studienratsstelle statt einer Oberstudiendirektorenstelle pensioniert würde, fiele seine Pension erheblich geringer aus.[463] Am 14. Juni 1947 teilte der Uelzener Stadtdirektor der Schulabteilung in Hannover mit, dass er Zimmermann in eine Studienratsstelle an der Oberschule für Jungen eingewiesen habe: „Dr. Z. hat sich zum Dienstantritt gemeldet, konnte jedoch den Unterricht wegen Dienstunfähigkeit nicht übernehmen. Er wurde daher bis auf weiteres beurlaubt."[464] Der Minister genehmigte darauf Zimmermanns Pensionierung als Oberstudiendirektor. Da Zimmermann laut dem amtsärztlichen Zeugnis schon vor dem 31. Dezember 1946 dauerhaft dienstunfähig gewesen war, traf auf ihn ein Erlass der Mil. Reg. vom 17. Dezember 1946 zu, wonach er vor der Pensionierung nicht wieder in eine Planstelle eingewiesen werden musste (aber wenn, dann in die eines Oberstudiendirektors). Die Verfügung vom 27. Mai werde demgemäß aufgehoben. Die Stadt Uelzen habe Zimmermanns Pensionierung als OStD bereits genehmigt, das Ministerium habe keinen Grund, davon abzuweichen.[465] Am 23. Juli 1947 wurde Dr. Zimmermann als OStD in den Ruhestand versetzt und Stadtdirektor Helbing überreichte ihm im Auftrage des Ministers die Entlassungsurkunde.[466]

Die Stadtverwaltung von Uelzen vertrat jedoch in Wirklichkeit eine andere Rechtsauffassung. Am 8. September 1947 teilte sie dem Kultusministerium mit: „Dr. Zimmermann wurde gemäß dortigem Erlass nach seiner Wiederzulassung zum Schuldienst in eine Studienratsstelle der OfJ eingewiesen. Der Rat der Stadt Uelzen hat daher beschlossen, Dr. Zimmermann mit Wirkung vom 1.4.1947 als Studienrat in den Ruhestand zu versetzen."[467] Der Schulausschuss der Stadt lehnte das Ersuchen des Kultusministeriums, Zimmermann als OStD zu pensionieren, am 29. Oktober 1947 einstimmig ab und hielt an der Auffassung fest, „daß Dr. Z. nur das Ruhegehalt eines Studienrats (A2c2) zustehe.

---

[463] Personalakte, Aktenvermerk der Abt. Höhere Schulen, 27.5.1947.
[464] Personalakte, Schreiben des Stadtdirektors an die Abt. Höhere Schulen, 14.6.1947.
[465] Personalakte, Schreiben des Kultusministers an den Staatssekretär, 19.6.1947; Schreiben an die Stadt Uelzen, 27.6.1947.
[466] Personalakte, Zimmermann an Verw. Höhere Schulen, 9.2.1948.
[467] Personalakte, Stadt Uelzen an Kultusministerium, 8.9.1947.

Dabei vertrat der Schulausschuss die Ansicht, daß dieses schon ein großes Entgegenkommen gegen Dr. Z. sei."[468] Die Ausschussmitglieder hatten hier anscheinend die schweren Vorwürfe im Auge, gegen die Zimmermann sich in seinem Entnazifizierungsverfahren wehren musste. Die Kategorisierungsentscheidung verschlimmerte seine Lage noch einmal; die vorgesehene Pensionskürzung auf 75% würde sich nämlich, wenn sich die Rechtsauffassung der Stadt durchsetzte, auf das Studienratsgehalt beziehen – Zimmermann wäre also doppelt benachteiligt.

Die Stadt unternahm in der Folge mehrere vergebliche Versuche, dem Ministerium eine Zustimmung zur Pensionierung Zimmermanns als Studienrat zu entlocken[469] und schuf schließlich Tatsachen: Am 2. Dezember 1947 wurde Dr. Zimmermann „auf seinen Antrag hin" von der Stadt Uelzen als Studienrat pensioniert. Ohne Zustimmung des Ministers zahlte ihm die Stadt zudem ab 1. Januar 1948 eine Studienratspension und verlangte von ihm die Erstattung des seit 1. April 1947 aufgelaufenen Differenzbetrages zur OStD-Pension.[470] Zimmermann protestierte energisch gegen diese Anmaßung der Stadt, er habe gar keinen Antrag auf Pensionierung an die Stadt gestellt, die sei für ihn gar nicht zuständig. Andererseits war er sich seiner Abhängigkeit von den Zahlungen der Stadt vollkommen bewusst und wandte sich mehrfach hilfesuchend an den Minister, um dessen Recht es ging. Ein Ende des Streits zeichnete sich erst im Sommer 1949 ab. Im Juli fasste Zimmermann die Lage noch einmal zusammen: Die Stadt Uelzen beharre weiter darauf, über die Pensionierung der Lehrer an höheren Schulen zu befinden, dies sei ein Versuch, „die Lehrer an den höheren Schulen auf den Standpunkt der Kommunalbeamten herabzudrücken." Verantwortlich dafür sei der Sachbearbeiter der Schulsachen, Herr Rektor i.R. und 2. Bürgermeister der Stadt Uelzen Meyerholz. Der Kultusminister habe bereits Stellung genommen gegen die widerrechtliche Vereidigung der Lehrer und Leiter der höheren Schulen – von diesem Ansinnen der Stadt war Sebo Kramer[471] betroffen. Auf Meyerholz' Betreiben habe der Rat der Stadt auch den Beschluss gefasst, dass bei den Lehrern höherer Schulen eine Verkürzung der Stundenzahl

---

[468] Personalakte, Beschlüsse des Rates der Stadt Uelzen, u.a. vom 29.10.1947.
[469] Personalakte, Stadtverwaltung Uelzen an Kumi, 7.11.1947; Stadtdirektor Helbing an das Kultusministeriumnisterium, 6.1.1948.
[470] Personalakte, Zimmermann an Verw. Höhere Schulen, 9.2.1948.
[471] NLA HA 180 Hannover, Acc.15/89 Nr. 241/2 RA Thiermann an den Rat der Stadt Uelzen, 25.4.1950.

im Alter in Zukunft nicht mehr bewilligt werden könne – auch dies ein Eingriff in die Rechte des Ministeriums. Mit seiner nochmaligen Pensionierung maße sich die Stadt erneut Rechte an, die ihr nicht zuständen; nun vermische sich dieser Rechtsstreit auch noch mit seiner Entnazifizierung. Es sei nicht seine Aufgabe, die Rechte des Ministers zu verteidigen; eine Entscheidung des Ministers müsse aber einer Klage seitens Zimmermanns beim Oberverwaltungsgericht vorangehen. Er bitte den Minister, „sich gegenüber einer renitenten Stadt durchzusetzen."[472] Nunmehr lenkte die Stadtverwaltung ein und teilte dem Ministerium mit, der Finanzausschuss (etc.) habe am 9. September 1949 beschlossen, Zimmermann die Pension als Oberstudiendirektor zu bezahlen, der Rat werde am 28. September 1949 endgültig entscheiden.[473]
Dr. Ernst Zimmermann starb am 12. Januar 1973 in Uelzen.

War er ein überzeugter und aktiver Nationalsozialist? Alles in allem kann man diese Frage wohl verneinen. Als treuer Beamter und gläubiger Christ passte er sich so weit, wie nötig, dem Regime an; bei Beobachtern konnte solches Verhalten allerdings leicht missverstanden werden. Der Fall Zimmermann vermittelt Einblicke in Entscheidungssituationen des NS-Alltags, beleuchtet aber auch die Folgen von Denunziationen vor und nach dem Kriegsende und die Neuordnung der Rechtsverhältnisse zwischen Kriegsende und Gründung der Bundesrepublik. Der Rechtsstreit um Zimmermanns doppelte Pensionierung war ein Präzedenzfall, an dem die Kompetenzen von Land und Kommune gegeneinander abgegrenzt wurden, ausgetragen auf dem Rücken des Einzelnen.

---

[472] Personalakte, Zimmermann an Verw. Höhere Schulen, 17.7.1949.
[473] Personalakte, Stadtdirektor an Abt. Höhere Schulen, 15.9.1949.

Exkurs: Uelzener HJ-Führer und ihre Schule

Auf diesem Foto vom Januar 1934 erkennen wir heute vielleicht nur vier

Empfang der neuen Fahne am Bahnhof Uelzen

militärisch verkleidete Teenager. Tatsächlich repräsentierten die selbstbewusst posierenden jungen Männer[474] die Staatsjugend, der bis 1936 alle anderen Jugendorganisationen nach und nach gleichgeschaltet wurden. Das „Gesetz über die Hitlerjugend" vom 1. Dezember 1936 wies der HJ neben Elternhaus und Schule die Aufgabe zu, die gesamte deutsche Jugend „körperlich, geistig und sittlich im Geiste des Nationalsozialismus zum Dienst am Volk und zur Volksgemeinschaft zu erziehen." Bis 1938 wurden etwa sieben Millionen Jugendliche organisatorisch erfasst, im Sinne des Nationalsozialismus indoktriniert und auf den Dienst als Soldaten

---

[474] Reinecke, Gerhard Adolf (12.11.1911 – 12.1.1973), auf dem Foto also 22 Jahre alt. Ernst-August Dohrendorff fiel am ersten Kriegstag (AZ 15.9.39); sein Vater war Hans Dohrendorff, Rechtsanwalt und Notar, 1932 Elternbeirat am Realgymnasium; 1933 Bürgervorsteher und im Ausschuss für die Überprüfung der städtischen Angestellten; 1934 von Lendle zum Jugendwalter (Elternbeirat) ernannt; die Sozietät Dohrendorff/Schöning vertrat Lendles Interessen in den Entnazifizierungsverfahren. Vgl. Niemann, Nationalsozialismus, Bd. 2, S. 397, AZ vom 26.1.1934.

vorbereitet. Die HJ war militärisch nach Befehl und Gehorsam durchstrukturiert; nur Jugend sollte über Jugend Befehlsgewalt ausüben. Hinter der HJ-Führung stand aber die Partei, so dass die organisierten Jugendlichen gegenüber Elternhaus und Schule durchaus ein erhebliches eigenes Gewicht hatten. Die jeweiligen Aufgabenbereiche waren im Gesetz jedoch nicht gegeneinander abgegrenzt,[475] dies war so der Praxis überlassen.

Die Protagonisten der HJ in Uelzen waren Gerhard Reinecke[476] und Walter Bismark[477], die im Oktober 1928 auf Vorschlag des Ortsgruppenleiters Friedrich Moos die HJ in Uelzen gegründet hatten. Bis Ende 1929 stieg die Mitgliederzahl auf 21, darunter mit Reinecke und Bismark viele Gymnasiasten. Reinecke wurde zum Ortsgruppenleiter bestimmt. Nachdem am 1. April 1930 den Schülern der höheren Schulen unter Androhung der schwersten Schulstrafen die Mitgliedschaft in der NSDAP und ihren Organisationen verboten worden war, legte Reinecke die Führung der HJ Uelzen nieder und organisierte stattdessen im August 1931 den geheimen NS-Schülerbund, dessen Mitglieder allerdings der HJ angehören mussten, mit dem Ziel, das Realgymnasium „in kurzer Zeit nationalsozialistisch zu machen."[478]

Die ausgedehnte Tätigkeit Reineckes und Bismarks für die HJ und die NSDAP wirkte sich negativ auf ihr Verhalten in der Schule und ihre Leistungen aus. Wilhelm Lott, ihr Lehrer für Leibesübungen in der Oberstufe, beispielsweise berichtete für den Jahresbeginn 1933 von „ehrverletzenden Übergriffen der Schuljugend". „Wie alle der Partei noch fernstehenden Lehrer bekam auch ich die Folgen der Aufwiegelung [nämlich durch den Ortsgruppenleiter und Kollegen Pöppelmann] zu spüren, wobei besonders die HJ-Führer Bismark und Reinecke im Turnunterricht für die der HJ angehörenden Mitschüler beispiel-

---

[475] Becker, Jürgen: Zur Geschichte der Hitler-Jugend in Uelzen, in: Uelzener Beiträge, Bd. 13 (1995), S. 97-117. Eine sehr gelungene Staatsexamensarbeit, die bei Berücksichtigung von Zeitzeugen noch reichhaltiger geworden wäre, aber wohl kaum weitere und andere Ergebnisse erbracht hätte.

[476] Niemann, Bd. 2, S. 382 und 397; Nanninga, Folkert: Wider den nationalsozialistischen Ungeist, Uelzen 2023, S. 32, Anm. 7. Foto v. Januar 1934, AZ 26.1.1934.

[477] Bismark, Walter, geb. 14.12.1910 in Stade; Vater: Justizsekretär in Uelzen.

[478] Niemann, Bd. 2, S. 723. Becker, HJ, S. 98f. meint, der NSS habe seit 1929 existiert; Reinecke spricht von Neugründung August 1931. Vgl. Niemann, Bd. 2, S. 262f. „5 Jahre Hitlerjugend in der Heide" von Walter Bismark, AZ 10.8.1938.

gebend waren, indem sie absichtlich nachlässig oder überhaupt nicht mitturn-ten."[479] Tatsächlich hat Lott diese Haltung der beiden durch sehr schlechte Noten dokumentiert, er irrt sich aber bei der Datierung der Ereignisse.[480]

Reinecke bestand nämlich das Abitur bereits im Februar 1932, nachdem er vier Jahre in der Prima zugebracht hatte;[481] er war auch schon ein Jahr zuvor zur Abiturprüfung zugelassen worden – mit Ausgleich und wegen seiner „gediegenen Persönlichkeit"[482] – aber in der Prüfung gescheitert. Den zwei Jahren in Oberprima müssen bereits zwei Jahre in Unterprima vorangegangen sein. Nachdem er die Schule mit Abitur verlassen hatte, traf ihn zwar das ministerielle Verbot nicht mehr. Um aber den NS-Schülerbund weiter erfolgreich führen zu können, benötigte er einen Vertrauten unter den Schülern.

Am 20. April 1932 hatte sich eine Lehrerkonferenz des Realgymnasiums mit dem NS-Schülerbund zu befassen, der trotz des ministeriellen Verbots im Geheimen an der Schule tätig war. Rechtsanwalt Dohrendorff, Mitglied des Elternbeirats der Schule, hatte sich hilfesuchend an OStD Dr. Dieckhoff gewandt, er möge seinem Sohn Ernst-August (OIII, also etwa 15 Jahre alt) Vorhaltungen machen, weil er „gegen den ausdrücklichen Wunsch seiner Eltern" dem NS-Schülerbund beigetreten sei. Dem ministeriellen Erlass entsprechend hätte Ernst-August Dohrendorff der Schule verwiesen werden müssen, die Initiative seines Vaters hatte diese Konsequenz zwar nun vermieden, den Direktor jedoch zu einer offiziellen Untersuchung der Hintergründe veranlasst. Sohn Dohrendorff wurde befragt und versprach Gehorsam – knapp zwei Jahre später posierte er auf dem obigen Foto als Pressereferent der HJ, der an diesem Tag die Gäste begrüßte. Seine Mitgliedschaft im Schülerbund war vom Unterprimaner Erwin Gellersen[483] bestätigt worden, den Dieckhoff ebenfalls verhörte; Gellersen gab an, im Auftrage von Gerhard Reinecke, dem Führer des NS-Schülerbundes, gehandelt zu haben. Dieser bestätigte Gellersens Darstellung in einer Unterredung

---

[479] NLA HA Nds 171 Lüneburg Nr. 70983, Schreiben Lotts an den Berufungsausschuss, 25.4.1947.
[480] Die nunmehr vorliegenden exakten Daten aus dem Archiv des HEG korrigieren diese Aussagen W. Lotts (Nanninga, Ungeist, S. 22) und darauf beruhende Annahmen über Lendles Maßnahmen (Nanninga, Ungeist, S. 27).
[481] Archiv des HEG, Kopie des Reifezeugnisses vom 26.2.1932. Herrn Dammann sei herzlich gedankt für seine umfangreichen Auskünfte.
[482] Archiv HEG, Zulassung zum Abitur 1931, Nr. 15 Reinecke.
[483] Vgl. Niemann, Bd. 2, S. 723: Erwin Gellersen gehörte zu den frühen HJ-Mitgliedern in Uelzen und war anscheinend ein Vertrauter Reineckes auch im NSS.

mit dem Direktor. Er, Reinecke, sei der Führer des NSS, der seit August 1931 existiere und derzeit 39 Mitglieder meist aus der Oberstufe umfasse. Wenn Gellersen der Schule verwiesen würde, würde Reinecke Dieckhoff die Namen aller 39 Mitglieder des Bundes nennen. Der Gauleiter habe den NSS schon vier Tage zuvor aufgelöst.[484] Würde auf die Verweisung Gellersens verzichtet, könne Reinecke für die 39 Mitglieder verbindlich erklären, dass sie dem NSS nicht wieder beitreten würden, solange der verboten sei. Im Angesicht der drohenden Konsequenz, 39 Schüler der Schule verweisen zu müssen, diskutierte die Lehrerkonferenz den Sachverhalt sehr ausführlich und befand einstimmig, dass die Verweisung Gellersens unangemessen hart wäre. Für Milde waren insbesondere die Kollegen Teichmann und Schneider eingetreten, deren Söhne (ohne das Einverständnis der Eltern) in der Partei oder der HJ tätig waren. Die NS-Schülergruppe sei bisher nicht hervorgetreten, es handele sich um junge, unerfahrene Menschen, die aus ehrlicher Begeisterung agierten; man müsse an die furchtbare Not der Jugend denken, mit zu großer Strenge werde man nur das Gegenteil erreichen. Reineckes Strategie zur Rettung Gellersens (und Ernst August Dohrendorffs) hatte also zum Erfolg geführt und die Schlagkraft der Gruppe demonstriert. Das Kollegium aber hatte durch seinen Beschluss den ministeriellen Erlass unterlaufen.

Nach der Aufhebung der Notverordnung vom 13. April 1932 rief Reinecke am 1. August 1932 den NSS wieder ins Leben. Am Gautreffen in Tostedt im September 1932 hätten aus Uelzen 30 Jungen teilgenommen, so berichtet er stolz, nur fünf mit Erlaubnis der Eltern. Hieran wird einmal mehr deutlich, wie nachhaltig die HJ in die Familien eingriff und die elterliche Autorität untergrub. Kurz darauf trat Reinecke aus dem Schülerbund aus und wurde zum Unterbannführer der HJ berufen, nach 1938 war er als Parteifunktionär tätig.[485] Nach Hitlers Ernennung zum Reichskanzler spielte die HJ unter Reineckes Führung etwa im Zusammenhang mit den innerstädtischen Unruhen um den Tannenbergbund eine wichtige Rolle.[486] In seiner Eigenschaft als Unterbannführer

---

[484] Die Notverordnung „Zur Sicherung der Staatsautorität" vom 13.4.1932 verbot sämtliche militärähnlichen Organisationen der NSDAP, auch HJ und NSS; die Notverordnung wurde am 17.6.1932 aufgehoben; das Verbot vom 1.4.1930 betraf nicht die Organisation, sondern nur die Mitgliedschaft von Schülern höherer Schulen – andere Mitglieder waren weiterhin tätig. Becker, HJ, S. 99 trennt das nicht scharf.
[485] Niemann, Bd. 1, S. 16-17; Bd. 2, S. 722-724.
[486] HW 27, 6.7.2024, S. 108.

blieb er mit seiner alten Schule verbunden. Am 4. April 1935 nahm er die feierliche Überführung der Pimpfe in die HJ zusammen mit OStD Lendle vor und bestätigte dabei dessen Forderung nach Eigenständigkeit des schulischen Erziehungsweges gegenüber der HJ.[487] Am 23. August 1935 teilte er Lendle mit, dass Gefolgschaftsführer Helmut Haupt als Führer und somit auch als Schuljugendwalter ausgeschieden sei; Reinecke selbst werde ihm als Schuljugendwalter nachfolgen.[488] Er gehörte somit zu den engsten Beratern des Direktors, um mit ihm zusammen „in Verantwortung für das erziehliche Gesamtwerk […] in gesinnungs- und zieleiniger Gemeinschaft ihre Aufgabe an der Jugend [zu] erfüllen."[489]

Unterbannführer Gerhard Reinecke, Führer des Bannes 284. Photo: Tegeler

Schon im April/Mai 1933 hatte sich Reinecke [490] bemüht, sein Abiturzeugnis vom 26. Februar 1932 „aufwerten" zu lassen, wie Becker vermutet.[491] Hintergrund für diesen ungewöhnlichen Antrag war ein Erlass des kommissarischen Kultusministers Bernhard Rust vom 20. April 1933 (Hitlers 44. Geburtstag), dass Disziplinarstrafen gegen Schüler und Studenten wegen Beteiligung an der „nationalen Revolution" rückwirkend bis 1925 zu löschen seien; national(sozialistisch) aktive Schüler, die sitzengeblieben seien, sollten nachträglich versetzt werden. Mehrere Eltern des Uelzener Realgymnasiums hatten darauf die Nachversetzung ihrer Söhne beantragt, aber das Kollegium hatte diese Anträge abgelehnt, weil die Nichtversetzung nicht im Zusammenhang mit politischer Tätigkeit (für den Stahlhelm) gestanden habe.[492] In Reineckes Antrag ging es jedoch weder um eine Disziplinarstrafe noch um eine

---

[487] Niemann, Bd. 2, S. 557.

[488] HEG-Archiv, Schreiben Reineckes an OStD Lendle, Uelzen, 23.8.1935.

[489] Erlass vom 24.10.1934 Schaffung von Schulgemeinden.

[490] Das Foto ist entnommen aus: AZ/Jugendbeilage Nr. 1 (Januar 1934).

[491] Becker, HJ, S. 99; welchen Gewinn Reinecke durch diese Aktion erzielte, bleibt unklar.

[492] HEG-Archiv, Protokolle 1933-34, Konferenz vom 2.5.1933.

Nichtversetzung, das Kollegium hätte den Antrag also aus formalen Gründen einfach zurückweisen können, wenn Reinecke nicht die Zustimmung des Oberpräsidenten in Hannover[493] – Obergruppenführer der SA Viktor Lutze – zur Ausweitung des Erlasses eingeholt hätte. Vor dieser Entscheidung des obersten Vorgesetzten kapitulierte das Kollegium und entschied sich einstimmig dafür, Reineckes Antrag stattzugeben.[494]

Erneut hatte Reinecke also dem Kollegium des Reformgymnasiums seinen Willen aufgezwungen. Es scheint, dass hierin und nicht in der Aufwertung seines Abiturzeugnisses das primäre Ziel seiner Aktionen lag.

Auf Grund des Min. Erl. v. 20.4.33 – UIIGBr 00695.1 – und mit Genehmigung des Herrn Oberpräsidenten Abt.f.d.höh.Schulwesen v. 15.5.33 – O.P.Sch.245311/4G – wird folgende Bemerkung aufgenommen:

„Die rege politische Tätigkeit für die NSDAP hat die Leistungen Reinekes während seines vierjährigen Aufenthaltes in Prima stark beeinträchtigt."

Uelzen, d. 18.5.33 (Stempel)

Dr. Dieckhoff, Oberstudiendirektor

Walter Bismarks schulische Karriere nahm zunächst einen noch unglücklicheren Verlauf. Zur Abiturprüfung 1931 wurde er wegen schlechter Leistungen gar nicht erst zugelassen. Er verblieb auf der Schule; da sich seine Leistungen jedoch nicht verbesserten, wurde er auch für die Prüfung 1932 nicht zugelassen und verließ die Schule am 19. Dezember 1931. In dem Ministererlass vom 20. April 1933 erkannte er nun eine Möglichkeit, doch noch das Reifezeugnis zu erlangen.[495] Er richtete also an den Kultusminister Rust den Antrag, ihm die Vergünstigungen des Erlasses vom 20. April 1933 zukommen zu lassen

---

[493] Die Leitungsposition der Abteilung für das höhere Schulwesen war bis zum 25. Juli 1933 noch vakant; wahrscheinlich hat Lutze selbst die Zustimmung erteilt.

[494] Becker, HJ, S. 99; HEG-Archiv, Protokolle 1933-34, Konferenz vom 12.5.1933. Die folgenden Bemerkungen auf den Zeugnissen sind den Originalen optisch nachempfunden.

[495] Die ministerielle Genehmigung zu einem dritten Prüfungsversuch heißt unter Studenten „Ministerschwanz".

und begründete diesen Antrag ausführlich, indem er u.a. die Namen von Lehrern angab, die seinen Leistungswillen beeinträchtigt hätten.[496] Der Antrag wird in der Folge auf dem Dienstweg – also über das Oberpräsidium in Hannover – an das Realgymnasium gereicht worden sein, ob dabei eine Empfehlung ausgesprochen wurde, geht aus den Akten nicht hervor. Direktor Dr. Dieckhoff führte am 17. Mai 1933 in Gegenwart eines Zeugen mit Bismark ein Gespräch, in dessen Verlauf jener erläuterte, wie er sich die Sache vorstellte: Es möge ihm Gelegenheit gegeben werden, die Reifeprüfung nachzumachen. Er wolle noch einmal für drei Monate die Schule besuchen, um sich vorzubereiten und hoffe dann auf eine Prüfung in erleichterter Form. Als Begründung für seinen Antrag hatte er – im Sinne des Erlasses – angeführt, seine politische Betätigung habe seine schulischen Leistungen beeinträchtigt. Darüber hinaus argumentierte er: „Meine Arbeitsfreudigkeit ist durch den ständigen Kampf mit den Herren, die meiner nationalsozialistischen Einstellung feindlich gegenüberstanden, beeinträchtigt." Namentlich genannt wurden Breithaupt (inzwischen versetzt), Schäffer (seit 1.5.33 PG), Steinmeyer und Schneider.[497]

Am 19. Mai 1933 berieten die Reifeprüfungskommissionen von 1931 und 1932 mehrere Stunden lang über Bismarks Antrag in allen seinen Aspekten. Als Ergebnis wurde festgehalten, dass dessen Behauptung, seine Nichtzulassung sei durch die antinazistische Einstellung von Lehrern zu erklären, unbewiesen sei. Eine derartige irrige Annahme ergebe sich aus Bismarks Wesensart. Im Übrigen entschied die Konferenz im Sinne von Bismarks Antrag, ohne jedoch für die Vorbereitungszeit eine bestimmte höhere Schule zu nennen. Auf Verfügung des Oberpräsidenten vom 30. Mai 1933 wurde Bismark am 8. Juni 1933 in die Oberprima des Realgymnasiums Uelzen aufgenommen und bestand am 25. September 1933 ein – erleichtertes – Abitur, das ihm den Weg ebnete, Lehrer an einer NapolA zu werden.[498]

In einer Bemerkung auf dem Zeugnis legte Direktor Dr. Dieckhoff noch einmal die wesentlichen Tatsachen des Falles dar und dokumentierte so, dass die

---

[496] Die folgenden Angaben nach dem Konferenzprotokoll vom 19.5.1933, HEG-Archiv, Protokolle 1933-34.
[497] Beide gehörten zum „Urgestein" des Kollegiums: Steinmeyer war seit 1902 an der Schule (seit 1913 Professor), Rudolf Schneider seit 1904 (Steinmeyer, Chronik, S. 197f.).
[498] Vgl. Festschrift „50 Jahre OfJ Uelzen" [Uelzen 1954], S. 33: Walter Bismark gehört zu den im Krieg Gefallenen.

Schule auf höhere Weisung gehandelt hatte. Als subtile Spitze schreibt der Direktor zudem, Bismarks Besuchsdauer in der Prima sei durch seine politische Arbeit beeinträchtigt worden, er selbst hatte aber argumentiert, seine Leistungen seien beeinträchtigt worden.

> Bismark war 11 ¾ Jahre auf dem Reformgymnasium und zwar 2 ¾ Jahre in Prima. Er verließ die Schule am 19.12.31 und wurde auf Grund des Min.Erl. v. 20.4.33 – UIIGBr 00695.1- am 8.6.33 wieder in die Oberprima aufgenommen (Verf. O.P.Sch. Nro 2424 II/4.GII v. 30.5.33).
>
> Die Dauer seines Besuches der Prima wurde beeinflußt durch seine starke Betätigung für die NSDAP.

Insgesamt erscheinen vor allem drei Aspekte an diesem Fall bemerkenswert. Zum einen wird hier der Erlass vom 20. April, der den Primat des Nationalsozialismus im Bildungssystem ausdrückt, mit höchster Billigung aus politischen Gründen noch ausgeweitet. Indem Bismark zum anderen seinen Antrag über seine Parteigenossen, den preußischen Kultusminister und den Oberpräsidenten in Hannover, einbringt, setzt er die Schule erheblich unter Druck. Drittens: Bismarks Begründung für seinen Antrag durch Beschuldigungen gegen namentlich genannte Lehrer erhöht diesen Druck noch weiter, so dass die Konferenz nicht nur die Zulassung zur Abiturprüfung genehmigte, sondern auch die von Bismark gesetzten Bedingungen für eine „erleichterte" Prüfung akzeptierte und umsetzte.

Dem Ortsgruppenleiter Pöppelmann gegenüber habe Bismark wiederholt erklärt, mit der Nennung der Namen von Lehrern gegenüber dem Kultusminister habe er keine Gehässigkeit oder Racheakte beabsichtigt. Diese Lehrer waren aber nun an höherer Stelle als Regimegegner gebrandmarkt und aufgrund der vorliegenden Gesetze in ihrer beruflichen Existenz bedroht. StR Rudolf Schneider, der zu den Denunzierten gehörte, beging am 20. Juli 1934 in der Schule Selbstmord, möglicherweise konnte er dem auf ihm lastenden Druck nicht standhalten.

Reinecke und Bismark hatten also die Schule gezwungen, ihre Anträge zu genehmigen und damit Niederlagen einzugestehen. Von den vorgesetzten

Dienststellen war gegen profilierte Parteigenossen anscheinend keine Unterstützung zu erwarten. So befand sich die Schule in einer Position der Schwäche. Bei den harmlos wirkenden jungen Männern auf dem obigen Foto von 1934 handelte es nicht um unerfahrene junge Menschen, denen man pädagogisch auf den richtigen Weg helfen musste, sondern um strategisch denkende, entschlossene Kämpfer für ihre Sache, die auch vor Denunziation nicht zurückschreckten, wenn es ihnen nützte.

Die sich abseits hielten

Das Gesetz zur Wiederherstellung des Berufsbeamtentums vom 7. April 1933 räumte dem Dienstherrn umfassende Vollmachten ein, die Beamtenschaft hinsichtlich ihrer rassischen Zugehörigkeit und ihrer politischen Vergangenheit zu überprüfen. Jeder Beamte konnte danach – bei Bedarf – ohne Weiteres versetzt, degradiert oder sogar entlassen werden. Mit dem Tod Hindenburgs am 2. August 1934 trat das Gesetz über die Zusammenlegung der Ämter des Reichspräsidenten und des Reichskanzlers in der Person Hitlers in Kraft (bestätigt durch Volksabstimmung vom 19.8.1934); in der Folge mussten alle Beamten den Treueid auf Hitler leisten. Wenige Wochen nach Verabschiedung des Ermächtigungsgesetzes sahen sich also die Beamten bereits einem erheblichen institutionellen Anpassungsdruck ausgesetzt, der sich dann noch weiter steigerte. Dazu kamen, wie wir aus den Berichten Wilhelm Lotts und Paul Schäffers für Uelzen wissen,[499] Druck, Drohungen und Einschüchterungsversuche in Schule und Alltag durch Angehörige der HJ und der SA sowie durch einen nationalsozialistischen Kollegen, in dem man den zukünftigen Schulleiter sah.

Wer sich diesem Anpassungsdruck zu entziehen versuchte, musste mit Repressalien rechnen. **Sebo Kramer**,[500] seit Ostern 1921 Studienassessor, seit 1. November 1925 Studienrat am Realgymnasium,[501] wurde wohl 1934 wegen seiner ablehnenden Haltung von der SA-Brigade Uelzen [Brigadeführer Holthoff,[502] Standartenführer Herwig[503]] beim Oberpräsidenten in Hannover „als unwürdig, Beamter im Dritten Reich zu sein", gemeldet. Der Oberpräsident, der höchste Vorgesetzte Kramers, war damals Viktor Lutze, der Nachfolger von Ernst Röhm als Stabschef der SA.[504] Die Abteilung für höhere Schulen – geleitet seit Juli 1933 von Regierungsdirektor Dr. Arthur Pusch – sprach Kramer darauf ihr „Befremden" über seine politische Haltung aus. Dennoch weigerte sich dieser standhaft, der NSDAP beizutreten. Er war zwar 1933 Mitglied bei der NSV geworden, der Trägerin der Wohlfahrtspolitik im Dritten Reich, er

---

[499] Nanninga, Ungeist, S. 22, 60, 68.
[500] NLA HA Nds. 171 Lüneburg, Nr. 58934, geb. Weener (Ostfriedland) 7.1.1887; gestorben 7.1.1960 in Weener. Am 19.12.1947 wurde er in Kategorie V („unbelastet") eingestuft.
[501] Steinmeyer, Chronik, S. 226, 255, Fächer: Geschichte, Deutsch, Englisch.
[502] https://de.wikipedia.org/wiki/Paul_Holthoff.
[503] Siehe oben, Anm. 138.
[504] https://de.wikipedia.org/wiki/Viktor Lutze.

sträubte sich aber bis 1937, im NS-Lehrerbund mitzuarbeiten und widersetzte sich dabei seinem Schulleiter, Wilhelm Lendle, der den NSLB in Uelzen leitete. Nach Kramers schriftlicher Aussage war er als letztes Mitglied des Kollegiums in den NSLB eingetreten und habe seinen Widerstand erst aufgegeben, als ihm „kein Zweifel darüber gelassen wurde, daß sonst das ganze Kollegium unter [seinem] Widerstand zu leiden haben werde."[505] Etwa 1936 war er so frustriert, dass er sich an eine Heeresfachschule bewarb.[506] Lendle scheint Sebo Kramer jedoch als Lehrer sehr geschätzt zu haben. Schon im April 1940 hatte er sich über Bürgermeister Farina um die „uk"-Stellung Kramers bemüht, weil ohne ihn „der Schulbetrieb nicht programmäßig aufrecht zu erhalten" sei.[507] Farinas gleichlautender Antrag von Oktober 1944 wurde genehmigt, die Abteilung für höhere Schulen erhielt diese Information jedoch erst am 3. Januar 1945,[508] so dass Kramer der Schule erst jetzt wieder zur Verfügung gestanden haben dürfte. Er war seinerzeit als Dolmetscher beim Reichssicherheitshauptamt (Geheime Feldpolizei) eingesetzt, Sonderführer seit seiner Einberufung im November 1939, am 1. September 1940 zum Oberleutnant, am 1. Juni 1941 zum Hauptmann befördert.[509]

Nachdem Wilhelm Lendle am 13. August 1945 von der Militärbehörde als Schulleiter entlassen worden war, wurde an seiner Stelle Oberstudienrat **Dr. Georg Hövermann** eingesetzt. Er, Kramer und die Herren Steinmeyer, **Huett, Klinkenberg, Bünger, Dr. Walpert, Dr. Werner**[510] und **Kuhlmann** wurden am 28. November 1945 vorläufig wieder zum Unterricht zugelassen, über diese Lehrer lagen der britischen Militärbehörde anscheinend keine negativen Informationen zu ihrer NS-Vergangenheit vor: Sie gehörten demnach insgesamt zu der Gruppe, die sich vom Nationalsozialismus ferngehalten hatte.

---

[505] NLA HA Nds. 171 Lüneburg, Nr.40212 Entnazifizierungsakte Paul Schäffer, Erklärung Sebo Kramers v. 13.8.1945.
[506] NLA HA Nds. 171 Lüneburg, Nr. 58934, Erklärung Kramers vom 26.7.1947.
[507] NLA HA Hann. 180 Hannover, Acc.15/89 Nr. 241/1+2 [Personalakte Kramer], Antrag Farinas v. 17.4.1940, abgelehnt am 4.6.1940. Der Antrag von Oktober 1944 ist erfolgreich.
[508] NLA HA Hann. 180 Hannover, Acc.15/89 Nr. 241/1 Schreiben der Wehrersatz-Inspektion an den Oberpräsidenten, 3.1.1945.
[509] So die Angaben in Kramers Personalakte; nach der Entnazifizierungsakte war er Hauptmann der Infanterie.
[510] Vgl. dagegen: Nanninga, Ungeist, S. 8ff.

Am 1. Februar 1946 nahm die Schule den regelmäßigen Unterricht wieder auf. Hövermann wurde zum 1. April 1946 zum Oberstudiendirektor ernannt.[511] Für die Besetzung der vakanten Stelle des Oberstudienrats schlug er dem Oberschulrat und der Stadt Uelzen den Studienrat Kramer vor. Dieser stehe bereits seit 25 Jahren im Dienste der Stadt und „war stets einer der pflichttreuesten, eifrigsten und tüchtigsten Lehrer unserer Anstalt. Er ist als Lehrer und Erzieher in gleicher Weise hervorragend befähigt [...]. Als Mann von lauterer Gesinnung, aufrechter Haltung und hoher politischer Einsicht, dem jeder Zwang verhaßt ist, durchschaute er die nationalsozialistische Weltanschauung, lehnte sie ab und wurde trotz Drängens kein Mitglied der Partei oder ihrer Gliederungen."[512] Nachdem auch der Schulausschuss einverstanden war, wurde Sebo Kramer am 1. September 1946 zum Oberstudienrat befördert.

Hövermanns außerordentlich positive Würdigung Kramers deutet freilich dessen hervorstechende Charaktereigenschaft nur an, die ihn gegen den Zeitgeist ankämpfen ließ: sein Mut, der aus absoluter, aber durchaus nicht blinder Selbstgewissheit gespeist wurde. Da er unverheiratet blieb, brauchte er dabei auch auf niemanden Rücksicht zu nehmen. Seine Prinzipientreue ging über die NS-Zeit hinaus. Als es nach der Gründung des Landes Niedersachsen[513] um die Vereidigung der Beamten ging, stritten sich Kultusminister und Innenminister zunächst um die Zuständigkeit, ob die Lehrer der höheren Schulen dem Kultusministerium zugeordnet waren oder ob sie als Kommunalbeamte dem Innenministerium unterstanden. Die Stadt Uelzen vertrat letzteren Standpunkt und forderte daher von allen Lehrern der höheren Schulen den Treueid, den Kramer jedoch verweigerte. Nach längerem Rechtsstreit kündigte die Stadt Kramer am 29. April 1950 zum Beginn des kommenden Monats, weil er den Treueid nicht geleistet hatte; erst jetzt unterschrieb Kramer am 3. Mai 1950 die Eidesformel,[514] so dass er seinen Dienst bis zu seiner Pensionierung Ostern 1952 fortsetzen konnte. Auf Anweisung der Schulbehörde nahm Hövermann jedoch am

---

[511] Steinmeyer, Chronik, S. 306f., Dr. Georg Hövermann (14.5.1887-1975), Stellvertretender Schulleiter März-Mai 1934 und 1939/40, während Lendle zur Wehrmacht eingezogen war.

[512] Personalakte 1 Kramer, Hövermann an den Stadtdirektor, 14.5.1946.

[513] Vgl. oben, S. 125ff.

[514] Personalakte 1 Kramer, Schreiben Kramers an den Philologenverband, 14.8.1950: Er ließ prüfen, ob eine Klage wegen Nötigung gegen den stellvertretenden Bürgermeister und den Stadtrat aussichtsreich sei.

4. Januar 1952 die Vereidigung Kramers als Landesbeamter gemäß einem Gesetz vom November 1951 vor.[515] Demnach würde er also zwei Entlassungsurkunden überreicht bekommen. Als er in Hannover nachfragte, welche der beiden Urkunden seine Pensionszahlungen begründen würde, teilte ihm der Ausschuss für die Verwaltung der höheren Schulen mit, die Urkunde der Stadt werde nicht hinderlich sein, Innenminister und Kultusminister würden sich demnächst einigen.[516]

Prof. Steinmeyer

Die beiden dienstältesten Lehrer am Realgymnasium, **Rudolf Steinmeyer** und Rudolf Schneider, waren ebenfalls starkem Druck durch die HJ ausgesetzt. Rudolf Heinrich Steinmeyer, geboren am 8. April 1877 in Emden, hatte dort 1895 die Abiturprüfung abgelegt, danach bis 1898 Geschichte, Französisch und Erdkunde studiert und 1899 in Marburg das Examen bestanden. 1901 kam noch eine Erweiterungsprüfung in Englisch hinzu. Nach den beiden Vorbereitungsjahren in Emden und Lingen hatte er im Oktober 1901 die Assessorenprüfung abgelegt und war bis zum 31. März 1902 am Realgymnasium Lingen vollbeschäftigt. Zum 1. April 1902 wurde er als Oberlehrer an das Realgymnasium Uelzen berufen,[517] in der Folge verwaltete er die Schulbibliothek. 1913/14 wurde ihm der Titel „Professor" verliehen.[518] 1932/33 gehörte er zu den Lehrern, die wegen ihrer „Rückständigkeit" von der HJ kritisiert und bedrängt wurden; etwa 1934 soll es sogar ein Komplott von Schülern gegen ihn gegeben haben, das der neue Schulleiter zerschlug.[519] Steinmeyer trat am 1. Mai 1934 in die NSV ein, Mitglied des NS-Lehrerbundes wurde er aber erst am 1. April 1937 (Nr. 350.907), von der NSDAP hielt er sich fern.[520]

Rudolf Schneider, geboren am 17. September 1878 in Wiesbaden, hatte Mathematik und Naturwissenschaften studiert und kam nach seiner Ausbildung

---

[515] Personalakte 1 Kramer, Bl. 16 Niederschrift über die Vereidigung.
[516] Personalakte 1 Kramer, Schreiben vom 27.2.1952.
[517] NLA HA Hann. 180 Hannover e5 Nr. 757 III/6 [Personalakte]; Steinmeyer, Chronik, S. 197; das Portrait ist entnommen aus: 50 Jahre OfJ Uelzen, S. 75.
[518] 50 Jahre OfJ Uelzen, S. 72.
[519] Nanninga, Ungeist, S. 27, aber: s.o. S. 131f.
[520] Personalakte Steinmeyer, Personalbogen.

im Herbst 1904 als Oberlehrer an das Realgymnasium Uelzen.[521] Wegen seiner Ablehnung des Nationalsozialismus war er 1932/33 ins Visier der HJ geraten; zuvor hatte Schneider sich große Sorgen gemacht, weil sein Sohn (gegen seinen Willen) in die HJ und den NS-Schülerbund eingetreten war. Nach der Machtergreifung nahm der psychische Druck auf Schneider und Steinmeyer durch eine Denunziation noch erheblich zu.

Am 20. April 1933 hatte Kultusminister Rust (NSDAP) in einem Erlass die Nachversetzung von solchen Schülern angeordnet, die wegen ihrer Tätigkeit für den Nationalsozialismus sitzen geblieben waren. Ein früherer Schüler des Realgymnasiums, der 1931 und 1932 nicht zum Abitur zugelassen worden war und darauf die Schule verlassen hatte, beantragte beim Minister (!) auf der Grundlage des Erlasses v. 20. April 1933 die erneute Zulassung zur Prüfung. Zur Begründung benannte er mehrere Lehrer, die ihn wegen seiner politischen Ausrichtung benachteiligt hätten: „Meine Arbeitsfreudigkeit ist durch den ständigen Kampf mit den Herren, die meiner nationalsozialistischen Einstellung feindlich gegenüberstanden, beeinträchtigt." Namentlich genannt wurden Breithaupt (inzwischen versetzt), Schäffer (seit 1. Mai 1933 Pg), Steinmeyer und Schneider.[522] Alle Vorwürfe wurden von der Lehrerkonferenz zwar energisch zurückgewiesen, die Reifeprüfungskommission befürwortete jedoch die Wiederaufnahme des betr. Schülers in die Oberprima; er durfte im September 1933 ein erleichtertes Abitur machen und hat – natürlich – bestanden.[523] Die Namen der betreffenden Lehrer waren fortan an höchster Stelle bekannt; nach dem Gesetz zur Wiederherstellung des Berufsbeamtentums vom 7. April 1933 befanden sich alle, die auffielen, in einer prekären Lage, denn sie konnten versetzt, degradiert oder sogar entlassen werden. Innerhalb des Kollegiums dürfte es auch nicht gerade harmonisch zugegangen sein. Als Ortsgruppenleiter der Uelzener NSDAP hielt der Kollege Dr. Pöppelmann es mit der HJ und setzte mehrere Kollegen unter Druck, in die Partei einzutreten. Schneider beging am 20. Juli 1934 in der Schule Selbstmord, möglicherweise hatte er dem auf ihm lastenden Druck nicht standhalten können.[524]

---

[521] Steinmeyer, Chronik, S. 198; 50 Jahre OfJ Uelzen, S. 71.
[522] Vgl. oben, S. 135.
[523] Vgl. oben, S. 136. HEG-Archiv, Protokolle 1933-34, Sitzung der Reifeprüfungskommissionen 1931 und 1932 am 19.5.1933.
[524] Die Aktenlage ist in diesem wie auch anderen Fällen sehr schlecht.

Wie Steinmeyer mit diesem Druck umging, können wir heute nur noch vermuten. Der Tod seiner Frau am 5. September 1932 wird ihn noch weiter belastet haben. Er wurde jedenfalls am 28. November 1945 wieder als Lehrer zugelassen und ging am 26. April 1946 in den Ruhestand.[525] Er starb am 1. September 1968 in Uelzen.

Die britische Militärbehörde erteilte **Gustav Matthias**, der seit 1926 die Volksschule in Uelzen als Rektor geleitet hatte, bereits am 29. Oktober 1945 die vorläufige Lehrbefugnis. Dies konnte als sicheres Indiz dafür gelten, dass gegen ihn nichts Belastendes aus der NS-Zeit vorlag.[526]

Matthias war am 24. Oktober 1879 in Ahmstorf[527] geboren worden. Nach der Ausbildung am Lehrerseminar in Stade wirkte er seit dem 16. Oktober 1899 mehrere Jahre als Lehrer an der Volksschule in Knesebeck, heute ein Ortsteil von Wittingen. 1907 wurde er zunächst kommissarisch, ab 1. April 1909 endgültig an das Lehrerseminar in Uelzen berufen. Da er sich „des Krieges wegen nicht zum Aussetzen des Unterrichts entschließen konnte",[528] war er im Sommer 1915 so überarbeitet, dass er fast drei Monate in der „Rasemühle"[529] verbringen musste. Dadurch verpasste er seinen Einberufungstermin[530] und konnte auf Antrag des Seminars in Uelzen weiter unterrichten. Als das Seminar 1925 geschlossen wurde, bewarb Matthias sich um einen Posten in der Schulaufsicht; mangels Vakanz wurde er zunächst bei vollen Bezügen freigestellt und 1926 schließlich zum Rektor der Volksschule in Uelzen ernannt. Sein Personalbogen trägt den handschriftlichen Hinweis, dass er ab November 1945 zu pensionieren sei. Auf seinen Antrag hin konnte er schließlich am 1. April 1946 in den Ruhestand gehen.[531]

---

[525] Steinmeyer, Chronik, S. 308.

[526] Im Landesarchiv Hannover, im Kreisarchiv Uelzen und im Stadtarchiv Uelzen liegen keine Entnazifizierungsakten über ihn vor.

[527] Heute Teil von Rennau, Samtgemeinde Grasleben, Krs. Helmstedt: Vgl. Mahler, Völkische Tendenzen, in: NNU 76 (2007), S. 289: verschrieben als „Ahnstorf"; Matthias wurde nicht 1878, sondern 1879 geboren.

[528] NLA HA Hann. 180 Lüneburg Acc.3/112 Nr. 250/2 [Personalakte], Bl. 53 Bitte um Erholungsurlaub v. 17.7.1915.

[529] Provinzial Sanatorium für Nervenkranke Rasemühle; Landeskrankenhaus Tiefenbrunn.

[530] Musterung am 6.5.1915: „garnisondienstfähig"; er war militärisch nicht ausgebildet.

[531] Personalakte, Bl. 129ff.

Nebenamtlich war Matthias mit Genehmigung des Dienstherrn als „Leiter und Kulturpfleger des Museums- und Heimatvereins Uelzen"[532], später auch als Archäologe und Stadtarchivar tätig. Schon 1926 hatte er eine „Geschichte der Stadt Uelzen" vorgelegt, 1936 folgte seine „sprachlich-sachliche Flurnamendeutung". In mehreren kleineren Beiträgen hatte er zudem Bau und Konzeption des Heimatmuseums erläutert. Seine Verdienste als Lehrer und Heimatforscher sind unbestritten,[533] er war jedoch auch in dem Denken seiner Zeit gefangen. Fred Mahler, von 1991 bis 2022 Stadt- und Kreisarchäologe in Uelzen sowie zeitweise auch Museumsleiter, hat Matthias' Sichtweise der Vergangenheit ausführlich analysiert.[534] Kennzeichnend für Matthias' Heimatverständnis sei „die [selektive] Wahrnehmung urgeschichtlicher Funde und Befunde seit dem Neolithikum als Dokumente [vorgermanisch-germanischer] Siedlungskontinuität." Er sei einer „nostalgischen Agrarromantik" verpflichtet gewesen, die der sozialen und wirtschaftlichen Realität widersprochen habe. Die von ihm hergestellte Verbindung von „Scholle" und „Seele" in seinem Buch über die Flurnamen münde „eindeutig in die nationalsozialistische Blut- und-Boden-Ideologie."[535]

Obwohl es keine Indizien dafür in den Akten gibt, dass Matthias der NSDAP oder ihren Organisationen angehört hätte, so scheint er hiernach dennoch nationalsozialistisches Gedankengut vertreten zu haben. Warum die NSDAP sich nicht energisch um die Mitgliedschaft eines so renommierten Heimatforschers und Schulleiters bemüht hat, ist heute nicht mehr nachzuvollziehen. Denkbar wäre ein Zusammenhang mit seiner Abstammung. Als ab 1937 der Zugang zur Partei wieder möglich wurde, forderte man von Matthias einen Ariernachweis, den er einreichte. Bei späteren Nachforschungen, die sein Bruder anstellte, ergab sich allerdings, dass ihr Vater adoptiert worden war. Matthias musste seine Angaben also korrigieren, der geforderte Nachweis war nicht möglich.[536]

---

[532] Personalakte, Bl. 141: Genehmigung vom 4.9.1933.
[533] Bismark, Günter: Zum 100. Geburtstag von Gustav Matthias. Ein engagierter Pädagoge, lokaler Künstler und ein erfolgreicher Heimatforscher, in: HW 42 (1979), S. 170-171.
[534] Mahler, Fred: „Die Seele der alten Germanen". Völkische Tendenzen in der heimatkundlichen Darstellung der Ur- und Frühgeschichte am Beispiel von Gustav Matthias aus Uelzen, in: Nachrichten aus Niedersachsens Urgeschichte 76 (2007), S. 289-295.
[535] Mahler, Völkische Tendenzen, S. 290, 293.
[536] Personalakte, Bl. 169 und Antwort Matthias' vom 11.2.1939.

Zu seinem 80. Geburtstag wurde Gustav Matthias durch ein persönliches Schreiben des Regierungspräsidenten offiziell geehrt,[537] er starb am 15. Juli 1962 in Uelzen.

Dr. Erich Woehlkens[538] absolvierte seine Ausbildung zum Lehrer für Mathematik, Physik und Chemie zwischen 1934 und dem Kriegsausbruch 1939. Anders als sein Kollege Jakob Teerling,[539] der am 1. Mai 1933 in die Partei eintrat, will Woehlkens sich vom Nationalsozialismus weitgehend ferngehalten haben, und das nicht nur während der Ausbildungszeit. Sein Entnazifizierungsverfahren endete am 7. Mai 1949 mit seiner Einstufung in Kategorie V („unbelastet"). Gegen diesen Bescheid legte er jedoch Einspruch ein, über den am 23. September nach Anhörung Woehlkens' abschlägig beschieden wurde, auch seine Berufung dagegen wurde am 8. Oktober 1949 zurückgewiesen. Woehlkens hatte auf diesem Wege versucht, als „Nichtbetroffener" anerkannt zu werden, die Kammern hatten dagegen berücksichtigt, dass er Mitglied im NS-Lehrerbund, also durchaus beteiligt, gewesen war.[540]

Er selbst stellt seine Karriere seit dem Ende des Studiums folgendermaßen dar: Er sei 1936 noch als Referendar an das Uelzener Realgymnasium/die Oberschule für Jungen gekommen, habe von dort aus das Assessorexamen gemacht und sei von Oberschulrat Dudenhausen in eine Planstelle an dieser Schule eingewiesen worden. „Trotzdem er [Dudenhausen] ein überzeugter Parteigenosse war, langte ihm wohl meine Mitgliedschaft im NSLB aus. 1937 erhielt er einen Bericht über mich. Durch Zufall konnte ich eine Abschrift dieses für mich sehr ungünstigen Konzepts lesen. Ob meine Entlassung aus dem Schuldienst am 23.9.1937 damit zusammenhängt, kann ich nicht sagen." Der Oberschulrat habe ihm dann eine Stelle an einer Berufsschule in Lüneburg vermittelt. 1939 sei er

---

[537] Personalakte, Bl. 176.
[538] NLA HA Nds. 120 Hannover Acc. 211/057, Nr. 90: Erich Woehlkens, geb. 23.9.1909 in Mölln; Studium in Innsbruck, Jena und Kiel; Mai 1933 Mittelschullehrerprüfung. 1. Vorbereitungsjahr in Harburg-Wilhelmsburg; 2. Vorbereitungsjahr: Oktober – Dezember in Wilhelmsburg; krank 21.12.1935-Ostern 1936; ab 1.4.1936 am Realgymnasium Uelzen.
[539] NLA HA Nds. 120 Hannover Acc. 2011/069, Nr. 17: Jakob Teerling, geb. Borkum 18.01.1908; Studium in Tübingen, Kiel und Göttingen (Geschichte, Englisch), Turnlehrerprüfung 1930. Referendariat in Göttingen und Hannover, ab 5.11.1937 als Assessor am Realgymnasium Uelzen. Parteieintritt 1.5.1933 (Nr. 3.150.866). – Die Akte ist noch nicht voll zugänglich.
[540] NLA HA Nds. 171 Lüneburg Nr. 40224 die verschiedenen Urteile und ihre Begründungen.

sofort eingezogen worden und habe nach einer Verwundung die Frontbücherei in Norwegen verwaltet. Er habe mehrfach versucht, in Uelzen in den Schuldienst hineinzukommen, sei aber abgelehnt worden mit der Begründung, „für den nationalsozialistischen Staat nicht die nötige Gewähr zu bieten". Erst 1942 habe er in Uelzen nominell eine Planstelle als Studienrat erhalten, die er aber erst nach Kriegsende antreten konnte.[541]

Diese Version bedarf jedoch der Erläuterung, Korrektur und Ergänzung. Nachdem Woehlkens vom 11. bis zum 13. Juli 1934 in Kiel die Prüfung für das Lehramt bestanden hatte, bewarb er sich beim Oberpräsidium in Hannover um die Aufnahme in den Vorbereitungsdienst. Am 2. August 1934 war er in die SA eingetreten: Die Mitgliedschaft in einer der Parteiorganisationen schien damals selbstverständliche Voraussetzung für die Zulassung zum Referendariat, der Zugang zur NSDAP war dagegen seit 1. Mai 1933 verschlossen.[542] Woehlkens' Zugehörigkeit zur SA wird bis 1942 in den Beurteilungen immer wieder erwähnt. Dem NS-Lehrerbund trat er am 20. Oktober 1934 bei (Nr. 305.150), seit 3. Oktober war er auch Mitglied in der NSV.

Mit Schreiben vom 27. September 1934 teilte ihm das Oberpräsidium mit, dass er nicht für den „ordnungsgemäßen Vorbereitungsdienst" [an Schulen mit amtlichen Ausbildungseinrichtungen] zugelassen sei, er könne sich aber für den „freien Weg" entscheiden, der allerdings nur bei „besonderer Bewährung" zu einer späteren Beschäftigung führen werde.[543] Woehlkens erklärte sein Einverständnis und wurde darauf am 5. Oktober 1934 mit Wirkung vom 1. Oktober als Referendar einem Realgymnasium in Harburg-Wilhelmsburg zugewiesen.[544] Sein Schulleiter berichtete nach einem Jahr u.a., Woehlkens sei Mitglied von SA und NSLB und habe an einem Lehrerschulungslager des NSLB und an einem Schulungslager der Untersekunda teilgenommen. Im nationalpolitischen Unterricht (Sexta – Untertertia) habe er mehrfach selbständig unterrichtet und „sichtlich Freude am Stoff" gefunden.[545] Für das zweite Vorbereitungsjahr wurde er zum 1. Oktober 1935 an ein anderes Realgymnasium in Harburg-Wilhelmsburg versetzt, er erkrankte jedoch schwer, war ab 17. Dezember 1935 bis

---

[541] NLA HA Nds. 171 Lüneburg Nr. 40224 Protokoll v. 9.1.1949.

[542] Teerling trat am 1.7.1933 in die SS ein, auf Anregung der Schulbehörde. In Uelzen war er dann für die sportliche Ausbildung der SS-Männer zuständig.

[543] NLA HA Nds. 120 Hannover Acc. 2011/057, Nr. 90 [Personalakte Woehlkens], Bl. 22.

[544] Personalakte, Bl. 25 und Schreiben des Oberpräsidenten v. 5.10.1934.

[545] Personalakte, Bl. 32, 34, 36.

Ende April 1936 beurlaubt und verbrachte acht Wochen in einer Lungenheilanstalt.[546] Gesundheitlich blieb er danach angeschlagen, auch, nachdem er ab 1. Mai 1936 das Vorbereitungsjahr am Realgymnasium Uelzen fortgesetzt hatte. Wilhelm Lendle, sein Schulleiter, schrieb beispielsweise im Januar 1937, vor den Sommerferien [1936] habe er Woehlkens den Auftrag gegeben, an einem Schülerlehrgang im Emsland teilzunehmen, wegen seiner noch schwachen Gesundheit fürchtete der jedoch, dass er die anstrengenden Radfahrten nicht werde durchhalten können. Am Leben der Jugend außerhalb der Schule (H.J.) habe er nicht teilgenommen.[547]

Schon im Spätsommer 1936 begannen die Vorbereitungen auf Woehlkens' Assessorenprüfung. Das Hauptpersonalamt der NSDAP teilte dem Oberpräsidenten auf dessen Anfrage am 7. September „Streng vertraulich! Nur für den Dienstgebrauch!" mit, dass keine Bedenken politischer Art gegen Woehlkens' Zulassung zur Prüfung beständen. Eine Anfrage bei der Kreisleitung der NSDAP-Harburg/Wilhelmsburg am 17. November 1937 erbrachte das gleiche Ergebnis.[548] Die politische Betätigung der Referendare wurde also anscheinend umfassend überwacht; die jungen Lehrer konnten sich demnach kein irgendwie auffälliges Verhalten leisten. Ende November wurde Woehlkens durch Schulrat Dudenhausen visitiert und sein Schulleiter reichte Anfang Januar 1937 seinen Entwicklungsbericht ein: Woehlkens sei Mitglied des NSLB und der SA. „Seiner politischen Einstellung nach ist er Nationalsozialist, er zeigt jedoch kein besonderes Interesse für politische Fragen." Lendle konstatierte zudem charakterliche Schwächen und eine angegriffene Gesundheit. Insgesamt befürwortet er allerdings die Zulassung zur Prüfung, die im März 1937 stattfand. Zum 1. April 1937 erhielt Woehlkens die Urkunde über die Ernennung zum Studienassessor, damit sei aber keine Anwartschaft auf eine Beschäftigung verbunden.[549] Anfang April informierte Regierungsdirektor Pusch ihn, dass er in die B-Liste der Assessoren aufgenommen sei und nun ein Jahr Zeit habe zu beweisen, dass er ein vorbildlicher Lehrer und Erzieher sei. Am 3. Mai 1937 wurde Woehlkens über eine Neuregelung informiert: Es gebe nur noch eine Assessorenliste, wer bisher der B-Liste zugehöre, könne bis zum 1. Juni 1937 Auf-

---

[546] Personalakte, Bl. 42.
[547] Personalakte, Bl. 67.
[548] Personalakte, Bl. 56f.
[549] Personalakte, Bl. 67, 88.

nahme in die neue Liste beantragen. „Aufgenommen werden nur solche Studienassessoren, die sowohl in wissenschaftlicher wie in pädagogischer Hinsicht den Anforderungen auf sämtlichen Klassenstufen der höheren Schulen gerecht werden und sich als Lehrer und Kamerad der Jugend bewährt haben." Sie müssten sich zunächst zu einer probeweisen Beschäftigung zur Verfügung stellen. Über den Aufnahmeantrag würde der Oberpräsident bis spätestens September 1938 entscheiden. Wer den Antrag bis zum 1. Juni 1937 nicht stelle, würde ab diesem Zeitpunkt entlassen werden. Die Entlassung aus dem höheren Schuldienst drohe auch allen Assessoren, die „nach ihrer bisherigen beruflichen Entwicklung und den Ergebnissen der probeweisen Beschäftigung den Anforderungen an den künftigen Lehrer und Erzieher nicht genügt haben."[550] Woehlkens stellte den Aufnahmeantrag am 26. Mai 1937 und berichtete dabei gleichzeitig, dass er seit Ostern 1937 probeweise 6 Wochenstunden unentgeltlich am Realgymnasium Uelzen unterrichte; im Mai kamen vier Stunden hinzu, die bezahlt wurden. Ab 2. Juli arbeitete er mit voller Stundenzahl und Bezahlung[551] – in seinem Fragebogen von 1945 bezeichnete er sich jedoch vom 1. April bis zum 31. Mai 1937 als arbeitslos.[552]

Nebenberuflich war Woehlkens für den Museums- und Heimatverein des Kreises Uelzen" tätig, der von Schulrektor Gustav Matthias geleitet wurde. Am 24. September 1937 wandte sich der Direktor des Landesmuseums Hannover an den Oberpräsidenten/die Abteilung höhere Schulen mit der Bitte, Woehlkens über Ostern 1938 hinaus in Uelzen zu beschäftigen. Im Auftrage des dortigen Museums- und Heimatvereins habe er die Bearbeitung des Uelzener „Kerkenregisters" übernommen, es sei eine seltene und äußerst wertvolle Quelle u.a. für die Sippenforschung. Die Bearbeitung werde zwei bis drei Jahre in Anspruch nehmen. Der Museumsverein hätte keinen „geeigneteren und arbeitswilligeren Bearbeiter" finden können als Woehlkens. Das Schreiben trägt einen handschriftlichen Vermerk vom 16. Oktober 1937, dass eine Beschäftigung Woehlkens' in Uelzen geprüft werden möge.[553]

---

[550] Personalakte, Bl. 82: Oberpräsident an Woehlkens, 3.5.1937. Der entsprechende Erlass v. 9.4.1937 sollte rückwirkend ab 1.4.37 gelten.
[551] Personalakte, Bl. 83, 87: Lendle hatte sich bei Bgm. Farina dafür eingesetzt.
[552] NLA HA Nds. 171 Lüneburg Nr. 40224, Fragebogen der Militärbehörde.
[553] Personalakte, Bl. 95.

Regierungsdirektor Dr. Pusch forderte am 18. August 1937 von Lendle einen Bericht über Woehlkens, da der sich um die Aufnahme in die Assessorenliste beworben habe. Lendle solle sich „eingehend" über Woehlkens' wissenschaftliche Befähigung, seine Leistungen als Lehrer und Erzieher und sein dienstliches und außerdienstliches Verhalten äußern. „Sie wollen auch darüber berichten, ob er sich den an ihn herangetretenen besonderen Aufgaben gewachsen gezeigt (so etwa bei der Führung einer Klasse während eines Landheimaufenthaltes), ob er Interesse daran dargetan hat, die Schüler oder Schülerinnen auch außerhalb des eigentlichen Unterrichts zu eigener Arbeit anzuregen und in ihr zu fördern, und ob er auch hier von der Jugend als Führer angesehen wurde."[554] Diese Fragen Puschs zielen auf die offensichtlichen Mängel ab, die Lendle in seinem Bericht vom 8. Januar 1937 in seiner ansonsten eher durchschnittlichen Beurteilung herausgehoben hatte.

Lendles Bericht von Anfang September 1937 fiel insgesamt vorteilhafter für Woehlkens aus als der vom Januar d.J.[555] Wiederum geht Lendle auf Woehlkens' nationalsozialistische Gesinnung und seine Mitgliedschaft in NSLB und SA ein. Er interessiere sich nicht besonders für politische Fragen. „Dagegen arbeitet er mit großem Fleiß z.Zt. auf familienkundlichem Gebiete und hat in dieser Beziehung wertvolle Entdeckungen in Uelzener Archiven gemacht, deren Auswertung ihm vom N.S.L.B., dem Uelzener Museumsverein und der Zentralstelle für Niedersächsische Familiengeschichte, Hamburg, übertragen ist. Außerdem hält er Vorträge vor den Amtswaltern der Arbeitsfront." [Also zeigte er durchaus politisches Verhalten]. Diesem Lob stellt Lendle den Satz gegenüber: „Seine Einsatzbereitschaft in der Schule ist etwas ungleich." Kritik also: zu wenig Einsatz im Dienst. Im Verhältnis zu seinen Schülern sei Woelkens sehr bestimmt und habe keine Disziplinarprobleme, es fehle aber die Fähigkeit zu begeistern. Als Antwort auf Puschs Fragen heißt es weiter: „In ein engeres Verhältnis zu den Schülern außerhalb des Unterrichts ist er nicht getreten. An einem Landheimaufenthalt hat er in der Berichtszeit nicht teilgenommen." Es folgt die Einzelbesprechung des Fachunterrichts. Auch fachfremder Unterricht (Deutsch) wird bewertet und als Beleg für unterrichtliches Geschick herangezogen.

---

554 Personalakte, Bl. 101: Oberpräsident an Lendle, 18.8.1937.
555 Personalakte, B. 102, Anlage zu Tgb.-Nr. 776 [undatiert].

Woehlkens hatte diesen Bericht zufällig zu Gesicht bekommen und vermutete in ihm den Grund für seine Entlassung am 23. September 1937. Nach
den vorliegenden Beurteilungen wurde er jedoch den Anforderungen an ihn
insbesondere als Erzieher nicht gerecht und deshalb, so ist anzunehmen, versagte ihm das Oberpräsidium die Aufnahme in die Anwärterliste, aus der dann
die Studienräte berufen werden konnten. Der drohenden Dienstentlassung entzog Woehlkens sich freilich, indem er am 31. Oktober 1937 bei der Abteilung
höhere Schulen einen Antrag auf Beurlaubung stellte zur Übernahme einer Ver-
tretung an der gewerblichen Berufsschule Lüneburg. Sein Antrag wurde zunächst bis zum 31.3.1938 genehmigt und zweimal verlängert, so dass Woehlkens als Studienassessor bis zum Kriegsausbruch in Lüneburg angestellt blieb,
während er der Oberschule für Jungen in Uelzen als Stammanstalt zugeordnet
war.[556]

Woehlkens unterrichtete an der Berufsschule 30 Wochenstunden Staats-
bürgerkunde und Schriftverkehr und fand es nach dem Bericht seines Schulleiters sehr schwer, sich auf das Niveau seiner Schüler einzustellen, er war „bemüht" und erzielte im ersten Jahr „ausreichende" Erfolge. Nebenamtlich ar-
beite er noch für den NSLB in der Sippen- und Familienforschung.[557] Für das
zweite Jahr berichtete der Schulleiter, er habe öfter Veranlassung gehabt,
Woehlkens „zu einer strafferen Dienstauffassung anzuhalten", er habe ihn
„dienstlich verwarnt".[558] Offenbar war Woehlkens inzwischen als Lehrer so
enttäuscht und frustriert, dass er sich bei Kriegsausbruch freiwillig zur Wehrmacht meldete und am 24. September eingezogen wurde.[559]

Seine Enttäuschung war umso verständlicher, als er sich mehrfach vergeblich um seine Rückversetzung nach Uelzen bemüht und der Niedersächsische
Heimatbund ihn dabei unterstützt hatte. Im September 1938, ein Jahr nach dessen Gesuch für die Weiterbeschäftigung Woehlkens' in Uelzen, wandte sich
der Heimatbund erneut an den Oberpräsidenten mit der Bitte um Rückversetzung. Durch Woehlkens' Versetzung nach Lüneburg sei im kulturellen Leben
Uelzens ein empfindlicher Verlust eingetreten, insbesondere für die Sippenforschung. Woehlkens habe 1937 um Verbleib in Uelzen gebeten, diesen Antrag

---

[556] Personalakte, Bl. 99, 138. Der gesamte Schriftverkehr lief über Lendle.
[557] Personalakte, Bl. 129, Bericht an die Abt. höhere Schulen, 6.1.1939. Er war Vorsitzender
der Lüneburger Ortsgruppe des Vereins für Sippenforschung und Volkskunde.
[558] Personalakte, Bl. 155, Bericht vom 5.1.1940.
[559] Personalakte, Bl. 141.

befürworteten der Heimatbund und Rektor Matthias als Museumsdirektor nachdrücklich, denn Woehlkens sei dazu „bestimmt, die Nachfolge des Herrn Rektor Matthias in der Leitung des Uelzener Museums zu übernehmen." Als Antwort wies die Abteilung für höhere Schulen darauf hin, dass der Vertrag zwischen der Stadt Lüneburg und Woehlkens gerade bis zum 31.3.1939 verlängert worden sei und dass dann erneut über die Rückversetzung entschieden werden könne.[560] Unter Verweis auf dieses Schreiben des Heimatbundes beantragte Woehlkens selbst am 21. Februar 1939 seine Rückversetzung und die entgeltliche Beschäftigung im höheren Schuldienst – er hatte 1938 geheiratet. Wieder wurde sein Beschäftigungsvertrag in Lüneburg verlängert, diesmal bis zu den Herbstferien 1939. Ab 1. September 1939 könne er sich für die Rückkehr in den höheren Dienst bewerben.[561] Er meldete sich bei Kriegsausbruch als Kriegsfreiwilliger, wurde, wie er selbst berichtet, bald verwundet und übernahm die Verwaltung der Frontbücherei in Norwegen.

Als Grund für seine wiederholte Zurückweisung habe man ihm genannt, dass er „für den nationalsozialistischen Staat nicht die nötige Gewähr" biete – was den wiederkehrenden Auskünften der Parteistellen widerspricht – tatsächlich aber konnten seine dienstlichen Beurteilungen für die Jahre 1937 bis 1939 nicht als Empfehlung für die Rückversetzung verstanden werden. Den Eifer und die Erfolge, die er außerdienstlich erzielte, hätte man auch für seine dienstliche Tätigkeit erwartet.

Durch den Kriegsausbruch hatte sich die Personalsituation an den Schulen dramatisch verändert, da die Wehrfähigen eingezogen wurden und den Schulen somit nicht zur Verfügung standen. Aus dem Kollegium der Oberschule für Jungen in Uelzen fehlte 1942/43 etwa die Hälfte, an deren Stelle lediglich drei Pensionäre getreten waren.[562] Lendle bemühte sich mehrfach, Kollegen „uk" stellen zu lassen – z.B. Sebo Kramer oder Wilhelm Lott,[563] um die wichtigen Unterrichtsstunden abdecken zu können. Anderen Schulen ging es ähnlich. Sie

---

[560] Personalakte, Bl. 126, Nds. Heimatbund an den Oberpräsidenten, 29.9.1938.
[561] Personalakte, Bl. 130, 138.
[562] 50 Jahre OfJ Uelzen, S. 74f.; Steinmeyer, Chronik, S. 287, 299.
[563] Nanninga, Ungeist, S. 30f.; im März 1939 hatte Lendle versucht, in Erwartung eines großen Lehrermangels nach dem Krieg, Dr. Walpert und Teerling zu Studienräten ernennen zu lassen, der Oberpräsident hatte jedoch abgelehnt, weil sie noch nicht auf der Anwärterliste standen.

alle standen in regem Austausch mit der Abteilung höhere Schulen in Hannover, die weiterhin auch die Lehrer betreute, die in der Wehrmacht dienten. Nach
dem 1. September 1939 erhielt Woehlkens nominell bis zum 31. März 1940
einen zusätzlichen Lehrauftrag an der Wilhelm-Raabe-Schule in Lüneburg;
dies war die Grundlage für seine Besoldung als Studienassessor.[564] Es zahlte
sich nun aus, dass er sich freiwillig zum Kriegseinsatz gemeldet hatte, denn
seinem Wunsch entsprechend hatte man ihn mit dem Lehrauftrag in den höheren Dienst zurückkehren lassen. Im Januar 1941 muss Woehlkens vom Militär
sogar beurlaubt gewesen sein, um am Johanneum in Lüneburg unterrichten zu
können. Der Direktor berichtet dem Oberpräsidenten am 13. Februar 1941, alle
Unterrichtsstunden hätten ein positives Ergebnis gehabt, Woehlkens sei ein
„tüchtiger Lehrer, wenn er weiß, daß er beobachtet" wird.[565] Am 23. Januar
1941 hatte sich die Abteilung höhere Schulen bereits bei der Gauleitung Ost-
Hannover über Woehlkens erkundigt, wo aber nichts Nachteiliges über ihn bekannt war: Er sei Mitglied von SA, NSV und NSLB, gelte als „fleißig und ge-
wissenhaft", in politischer und weltanschaulicher Hinsicht gebe es keine Bedenken.[566] Der Antrag des Direktors des Johanneums auf „uk"-Stellung Woehlkens' wurde jedoch abgelehnt.[567]

Im Sommer 1942 beschloss die Schulabteilung, Woehlkens zum Studienrat zu ernennen und fragte deswegen am 25. Juni 1942 bei der Partei-Kanzlei
in München an, ob Bedenken dagegen bestünden, am 11. August wurde die
Zustimmung erteilt.[568] Man darf unterstellen, dass die Entscheidung der Schulabteilung mit den Direktoren abgestimmt war. Für die Rückversetzung nach
Uelzen dürften neben einer personell schwierigen Lage Woehlkens' langgeheg-
ter Wunsch und die für ihn vorgesehene Aufgabe als Museumsdirektor gesprochen haben. Am 23. Oktober 1942 erfolgte die Ernennung rückwirkend zum 1.
August 1942.

Bürgermeister Farina hatte Woehlkens' Anstellung zum 1. April 1943 an-
gestrebt; dies hatte ihm jedoch den Vorwurf der Schulabteilung eingetragen, er

---

[564] Personalakte, Abt. höhere Schulen an Woehlkens, den Direktor der Wilhelm-Raabe-
Schule und den Direktor der OfJ Uelzen, 6. Juli 1940.
[565] Personalakte, Bl. 180 Bericht über den zur Beschäftigung überwiesenen Studienassessor
Woehlkens, 13.2.1941.
[566] Personalakte, Bl. 178.
[567] Personalakte, Bl. 179, Antrag v. 25.1.1941, abgelehnt am 10.2.1941.
[568] Personalakte, Bl. 188, 189.

wolle die Anstellung verzögern. Farina rechtfertigte sich, indem er der Schulabteilung formale Fehler vorhielt.[569] Es sei allgemein üblich, dass sich Bewerber um städtische Beamtenstellen zunächst einmal persönlich vorstellten und dass „Lehrpersonen, die an einer städtischen Lehranstalt angestellt werden sollen, vorher in ihrem Unterricht angehört werden zwecks Prüfung, ob sich der Bewerber für die zu besetzende Stelle in jeder Beziehung eignet." Regierungsdirektor Dr. Josef Mainzer, der Leiter der Schulabteilung,[570] habe ihm am 28. Juli 1942 gesagt, dass in Zukunft bei Berufungen, Beförderungen etc. von Lehrpersonen deren Parteizugehörigkeit gefordert werden müsse. Beide Voraussetzungen hätten bei Woehlkens nicht vorgelegen und trotzdem habe er, Farina, dessen Bewerbung berücksichtigt. Auf Wunsch der Abteilung höheres Schulwesen habe er nun die Ernennungsurkunde auf den 23. Oktober 1942 datiert.

Die Ernennung konnte jedoch nicht vollzogen werden, da Woehlkens bis zum Kriegsende in Norwegen eingesetzt war. Zum 1. Januar 1950 wurde er erneut zum Studienrat ernannt,[571] nachdem Dr. Hövermann als Direktor der Oberschule für Jungen in Uelzen am 5. September 1949 ein sehr wohlwollendes Gutachten über ihn vorgelegt hatte.[572]

Bei genauerer Würdigung der Tatsachen über Dr. Erich Woehlkens' schulische Karriere bestätigt sich das Urteil der Entnazifizierungskammer, wonach er nicht als „unbeteiligt" am Nationalsozialismus einzustufen sei. Tatsächlich war er tiefer in nationalsozialistische Organisationen verwoben, als er angibt: Auch 1942 noch war er SA-Mann, wenn auch lediglich nominell, und seine ehrenamtliche Tätigkeit in der Sippenforschung und Heimatkunde fand statt im Rahmen und im Auftrag des NS-Lehrerbundes. Wer 1934 seine Lehrerausbildung begann, musste sich der Anforderungen bewusst sein, die der NS-Staat an seine zukünftigen Lehrer stellte. Woehlkens' Erkrankung konnte nur für eine begrenzte Zeit rechtfertigen, dass er seine Kontakte zu Schülern auf den schulischen Bereich beschränkte, an Fahrten und Lagern nicht teilnahm, sondern für

---

[569] Personalakte, Bl. 197, Farina an den Oberpräsidenten, 23.11.1942.
[570] Dr. Josef Mainzer (geb. 22.1.1882 in Rheine/Westf.); 1924-1935 Studienassessor/StR Marinefachschule Wilhelmshaven; 1932 dort Kreisleiter NSDAP; 1935-1936 StR Marinefachschule Kiel; ab 1.4.1936 Studiendirektor am Realgymnasium Peine, nach 1941 Nachfolger Puschs als Regierungsdirektor in Hannover.
[571] Personalakte, Bl. 204.
[572] Personalakte, Bl. 202.

die Heimat- und Sippenkunde brannte. Wenn dies auf einer durchdachten Entscheidung beruhte, so müsste sich Woehlkens auch der Konsequenzen bewusst gewesen sein: kein Aufstieg. Verständlicherweise führte seine Tätigkeit als Hilfslehrer bei ihm zu einer Sinnkrise, die er mit seiner Meldung als Kriegsfreiwilliger überwand. Sein Verhalten galt nun als vorbildlich und schob auch seine Karriere als Lehrer wieder an.

Wer sich als Lehrer vom nationalsozialistischen Staat, dessen Führer man per Eid verpflichtet und von dem man existenziell abhängig war, nicht völlig vereinnahmen lassen wollte, konnte allenfalls hinhaltend Widerstand leisten und musste dann eventuell Konsequenzen zu tragen bereit sein. Die Entscheidung, Distanz zum nationalsozialistischen Regime zu wahren, verlangte also genaue Überlegung und Charakterfestigkeit.

Literaturverzeichnis

Becker, Jürgen: Zur Geschichte der Hitler-Jugend in Uelzen, in: Uelzener Beiträge, Bd. 13 (1995), S. 97–117.

Bismark, Günter: Zum 100. Geburtstag von Gustav Matthias. Ein engagierter Pädagoge, lokaler Künstler und ein erfolgreicher Heimatforscher, in: HW 42 (1979), S. 170–171.

Broszat, Martin: Der Staat Hitlers, München [5]1971.

Brüning, Friedrich: Pastoren im Widerstand gegen den Nationalsozialismus. Versuch einer Zusammenschau aus vier norddeutschen Landeskirchen, in: HW 89 (2013), Nr. 20, S. 77–78; Nr. 22, S. 85–88.

de Lorent, Hans-Peter: Täterprofile, Bd. 3, Hamburg 2019.

Egge, Reimer: Bürgermeister – Stadtdirektoren – Ehrenbürger, Uelzen 2013.

Egge, Reimer: Das Gesetz zur Sicherung der Einheit von Partei und Staat vom 1. Dezember 1933. Der Weg der Stadt Uelzen in die Diktatur, in: HW 90 (2014), Nr. 11, S. 41–44; Nr. 12, S. 45–46.

Egge, Reimer: Das Kriegsende in der Stadt Uelzen. Die Vorgänge im April 1945 vor der Einnahme und Zerstörung der Innenstadt. Vortrag auf der Tagung regionaler Historiker in Torgau/Elbe am 12./13. Mai 2006 in: HW 82 (2006), Nr. 41, S.165–168.

Egge, Reimer: Der „Kampfbund für Deutsche Kultur". NS-Kulturgemeinde, Ortsgruppe Uelzen 1933 bis 1945, in: HW 89 (2013), Nr. 9, S. 33–36.

Egge, Reimer: Der Tannenberg-Bund e.V. Wegbereiter und Opfer des Nationalsozialismus, in: HW 79 (2003), Nr. 26, S. 101–102; Nr. 27, S. 105–107; Nr. 28, S. 109–111.

Egge, Reimer: Der Weg in die Demokratie. Uelzen von 1945 bis 1955, Skript zur Ausstellung vom 25. September bis 15. Oktober 2004 im Rathaus Uelzen.

Egge, Reimer: Die Kreisleiter der NSDAP in Uelzen. Ernst Brändel (1930-1939) und Albert Rodegerdts (1939-1941), in: HW 80 (2004), Nr. 4, S. 13–16; Nr. 5, S. 17–19; Nr. 6, S. 21–23, Nr. 7, S. 25–26.

Egge, Reimer: Emil Seidenschnur. Gewerkschaftssekretär in Uelzen in den Jahren 1929 bis 1933, in: HW 80 (2004), Nr. 17, S. 65–67; Nr. 18, S.69–71.

Egge, Reimer: Kriegsfolgen und Nachkriegsmonate. Uelzen in den Jahren 1945/46, in: HW 81 (2005), Nr. 35, S. 137–140; Nr. 36, S. 141–142.

Egge, Reimer: Machtergreifung am 30. Januar 1933. Die Presse der Allgemeinen Zeitung der Lüneburger Heide (AZ) informiert. Januar 2004.

Egge, Reimer: Vom Stresemann zum Braunhemd – Uelzen von 1918 bis 1945, Uelzen 1985, Nachdruck, Uelzen 2004.

Festschrift: „50 Jahre Oberschule für Jungen Uelzen", Uelzen 1954.

Funke, Hans: Pastorenbuch des Kreises Uelzen. Bearb. Gabriele Fricke, Uelzen, 2004.

Gailus, Manfred (Hg.): Täter und Komplizen in Theologie und Kirche 1933–1945, Göttingen 2015.

Harnack, Uwe: Paul Schäffer – sein Leben und Wirken. Zur Sonderausstellung im Museum Schloss Holdenstedt, in: HW 86 (2010), Nr. 38, S. 149–152.

Hitler, Adolf: Mein Kampf, München [429]1939.

Hofmeister, Eberhard (Hg.): Schule im Wandel der Zeit. Festschrift zum 100. Jubiläum der Wilhelm-Raabe-Schule, Lüneburg 1975.

Klau, Eckhard: Die Stadt Uelzen und ihr Umgang mit der Geschichte der Jahre 1933–1945. In: HW 95 (2019), Nr. 7, S. 25–28 [Mit biogr. Notiz zu E. Klau].

Mahler, Fred: „Die Seele der alten Germanen". Völkische Tendenzen in der heimatkundlichen Darstellung der Ur- und Frühgeschichte am Beispiel von Gustav Matthias aus Uelzen, in: Nachrichten aus Niedersachsens Urgeschichte 76 (2007), S. 289–295.

Matthias, Gustav: Das Heimatmuseum und der künftige Museumsverein, in: HW (1925), S. 117–118.

Matthias, Gustav: Geschichte des Stadt Uelzen, Uelzen 1926.

Matthias, Gustav: Kulturreste der Steinzeit in unserer Heimat, in: HW (1927), S. 66-67.

Matthias, Gus–tav: Die Heimat als Schicksal - und das Heimatmuseum, in: Museums- und Heimatblätter für den Kreis Uelzen, Heft 1. Uelzen 1932.

Matthias, Gustav: Urgeschichtlicher Einführungslehrgang in Uelzen, in: Die Kunde 1(1/2) (1933), S. 12–13.

Matthias, Gustav: Das Heimatmuseum des Kreises Uelzen nach der Neuordnung, in: Die Kunde 1 (6) (1933), S. 5–7.

Matthias, Gustav: Sprachlich-sachliche Flurnamendeutung auf volkskundlicher Grundlage beispielhaft dargestellt an den Orts- und Flurnamen des Kreises Uelzen, Hildesheim 1936.

Matthias, Gustav: Rückblick auf das Heimatmuseum des Kreises Uelzen, in: Heimatkalender für Stadt und Kreis Uelzen 1949, S. 67–70.

Matthias, Gustav: Das völkische Gefüge der Bewohner des Kreises Uelzen, in: Deutsches Volks- und Heimatfest – Ein Treffen von Heimatliebhabern aus allen deutschen Gauen, Uelzen 1949, S. 15–37.

Mensing, Ernst: Sportgeschichte der Stadt Uelzen bis zum Jahre 1945, in: Jahrbuch des NISH, Hannover 1999.

Meyer-Immensen, Adolf: Als hier noch Lehrer ausgebildet wurden. Zur Geschichte des Uelzener Lehrerseminars vor dem Ersten Weltkrieg, in: HW 86 (2010), Nr. 24, S. 93–96; Nr. 25, S. 97–100.

Meyer-Immensen, Adolf: Lehrer, die wir hatten. Erinnerungen an die Lehrer des Uelzener Lehrerseminars, in: HW 92 (2016), Nr. 8, S. 29–31 [insbes. Friedrich Alfke].

Moos, Friedrich: Geschichte der Ortsgruppe Uelzen der NSDAP (bis Oktober 1931), Uelzen 1934.

Nanninga, Folkert: Denazifizierung und Dorfgemeinschaft, in: NdsJb 91 (2019), S. 327–383.

Nanninga, Folkert: Die Uelzener Heldenorgel. „...als ob die Seele der Toten sich in tönender Gestalt offenbare", in: HW 98 (2022), Nr. 15, S. 57–59.

Nanninga, Folkert: OStD Wilhelm Lendle (1896–1972). Leiter des Uelzener Realgymnasiums. 1. Sein Werdegang bis 1934, in: HW 98 (2022), Nr. 20, S. 77–79; Nr. 21, S. 81–83. – 2. Schulleiter in Uelzen (1896–1972). Nr. 24, S. 93–96. – 3. Ein ungewöhnlicher Entnazifizierungsfall in Uelzen. Lendle: „Rehabilitiert…, daß er sich fast schämen müsse". Nr. 29, S. 113–115; Nr. 30, S. 117–118. – 4. Die Wiedereinstellung Lendles als Direktor. Die Stunde der Uelzener Stadtverwaltung. Nr. 31, S. 121–124.

Nanninga, Folkert: Uelzener Lehrer und der Nationalsozialismus (1), in: HW 100 (2024), Nr. 26, S. 101–104; Nr. 27, S. 105–108; Nr. 28, S. 109–111; Nr. 29, S. 115–116.

Nanninga, Folkert: Wider den nationalsozialistischen Ungeist, in: HW 99 (2023), Nr. 12, S. 45–47; Nr. 13, S. 49–51; Nr. 15, S. 57–59; Nr. 16, S. 61–64.

Nanninga, Folkert: Wider den nationalsozialistischen Ungeist, Uelzen 2023.

Niemann, Eckehard: Nationalsozialismus im Landkreis Uelzen, Bd. 1 1925 – 1933, Varendorf 2014.

Niemann, Eckehard: Nationalsozialismus im Landkreis Uelzen, Bd. 2 1933 – 1939, Varendorf 2016.

Niemann, Eckehard: Nationalsozialismus im Landkreis Uelzen, Bd. 3 1939 – 1945, Varendorf 2017.

Niemann, Eckehard: Nachkriegszeit im Landkreis Uelzen, Bd. 4 1945 – 1949, Varendorf 2021.

Otte, Hans: „August Marahrens", in: NDB (1990), S. 100–101.

Reibel, Carl-Wilhelm: Das Fundament der Diktatur: die NSDAP-Ortsgruppen 1932 – 1945, Paderborn 2002.

Reinecke, Gerhard: Zur Geschichte des Bannes 284, Uelzen/Dannenberg 1938.

Rosenberg, Alfred (Hg.): Das Parteiprogramm. Wesen, Grundsätze und Ziele der NSDAP, München [25]1943.

Salewski, Michael: Das Weimarer Revisionssystem, in: Aus Politik und Zeitgeschichte 30, H. 2 (1980), S. 14-25.

Steinmeyer, Rudolf: Die Chronik der Herzog-Ernst-Schule, Uelzen 1964.

Von zur Mühlen, Patrik: Schlagt Hitler an der Saar, Bonn [2]1981.

Vogtherr, Thomas: Schule in ihrer Zeit – Stationen aus hundert Jahren Schulgeschichte. Festvortrag aus Anlass von „100 Jahren. Abitur am Herzog-Ernst-Gymnasium" am 18. September 2004, in: HW 80 (2004), Nr. 39, S. 153–156; Nr. 40, S. 159–160.

Zentner, Kurt: Illustrierte Geschichte des Dritten Reiches, München 1965.